LES TRANSFORMATIONS

DE

L'OPÉRA-COMIQUE

PAR

A. THURNER

PARIS
LIBRAIRIE CASTEL, PASSAGE DE L'OPÉRA
GALERIE DE L'HORLOGE
—
1865

LES TRANSFORMATIONS

DE

L'OPÉRA-COMIQUE

Paris. — Typographie HENNUYER ET FILS, rue du Boulevard, 7.

LES TRANSFORMATIONS

DE

L'OPÉRA-COMIQUE

PAR

A. THURNER

PARIS

LIBRAIRIE CASTEL, PASSAGE DE L'OPÉRA
GALERIE DE L'HORLOGE

1865

Tous droits réservés.

INTRODUCTION

Nous avons pensé qu'il ne serait pas inutile de mettre notre époque, où tous les genres se mêlent et se coudoient, une époque si essentiellement éclectique, en regard de cette aurore de l'art musical, qui est encore si près de nous par la date et si loin par le chemin parcouru. — Aucun art, autre que la musique, ne porte en soi à un plus haut degré le reflet de chaque époque, son empreinte en quelque sorte. — Le monde des sons, si impondérable, si insaisissable, est également sujet, par sa mobilité même, aux transformations les plus soudaines; et les œuvres musicales qui n'ont pas en elles-mêmes l'étincelle sacrée du génie sont plus prématurément empreintes de caducité que celles qui appartiennent à d'autres branches artistiques ou littéraires.

Dans l'esquisse que nous essayons de tracer sur l'origine et les développements de l'opéra-comique, nous nous proposons de jeter un simple coup d'œil sur les divers aspects que ce genre de musique dramatique a présentés depuis un siècle jusqu'à nos jours. Issu de cette riche et féconde veine gauloise qui a pour représentants : Olivier Basselin, le châtelain de Coucy, Thibaut de Champagne, Clément Marot, Adam de la Hale (l'auteur de la pièce *le Jeu de Robin et de Marion,* paroles et musique, 1285), Beaujoyeulx, Arcadelt, Orlando de Lassus, etc., etc., ces chevaliers du *gai sçavoir,* l'opéra-comique mérite, ce nous semble, de fixer l'attention de tous ceux qui s'intéressent aux questions qui touchent de près à notre gloire.

Si aujourd'hui le caractère particulier et primitif de l'opéra-comique s'est sensiblement altéré, si des horizons nouveaux ont été découverts, si le cadre s'est agrandi au préjudice peut-être de qualités prisées par nos pères, nous ne prétendrons pas impliquer par là, à l'aide de parallèles, des théories en faveur de telle ou telle époque. Nous nous efforcerons seulement de suivre, le plus fidèlement possible, le mouvement progressif de notre œuvre nationale.

Nous laissons aux érudits et aux compilateurs le soin d'énumérer les détails biographiques des compositeurs dont le nom se présentera sous notre plume. Cette tâche, qui rend souvent une lecture fastidieuse, ne remplirait pas notre but : c'est la musique, avant le musicien, que nous voulons essayer d'analyser; donner l'aspect d'une époque plutôt que la chronique d'un ouvrage.

Cependant, hâtons-nous de le dire, nous nous garderons bien de passer sous silence des faits relatifs aux compositeurs ou à leurs productions, et dont l'omission nuirait à l'intelligence de cette étude.

Embrasser la généralité sans perdre de vue les détails, saisir le mouvement d'une époque sans négliger l'analyse des œuvres marquantes, tel est le canevas que nous soumettons à nos lecteurs; trop heureux si nous réussissons à tracer une voie si pleine d'intérêt et si féconde en enseignements.

LES
TRANSFORMATIONS
DE
L'OPÉRA-COMIQUE.

I

Les confrères de la Passion. — Moyen âge et Renaissance. — Mazarin et les acteurs italiens. — La *comédie de chansons*. — Les théâtres forains. — Leur aspect. — Gilliers et les airs *nouveaux*. Privilégiés et persécutés. — Un mot de Grimm. — Mlle Bastolet. — Les encyclopédistes. — Guerre musicale. — *La Serva padrona*. — J.-J. Rousseau. — Rousseau jugé par Grétry. — Duni, Philidor et Monsigny. — Opinion de Favart sur l'état de l'opéra-comique en 1760.

Rien d'aussi curieux que la naissance de notre genre national. Greffé sur la chanson et le vieux *vau de vire*, l'opéra-comique apparaît dès l'année 1595 au théâtre de la foire Saint-Germain. Longtemps auparavant l'élément musical et dramatique semble se dégager dans les *mystères* et les *soties*. En 1548, un arrêt du parlement autorise les confrères de la Passion à représenter exclusivement des pièces sur des sujets profanes *licites et honnêtes*. A cette époque également, on voit les clercs de la basoche donner des *moralités* et des *farces*, avec accompagnement de trompettes, hautbois, bassons et timbales.

La France est encore plongée dans ses luttes religieuses, le moyen âge projette encore ses ténèbres d'ignorance et d'erreurs ; mais un travail immense se produit dans les esprits : les franchises municipales s'affirment, la poudre, l'imprimerie, la boussole sont inventées, le nouveau monde est découvert, Galilée a parlé ; des théologiens, des savants, des théoriciens apparaissent successivement depuis le treizième siècle jusqu'au seizième. Gui d'Arezzo invente la portée musicale ; Philippe de Vitry innove la défense de la succession de quintes et d'octaves ; Jean de Muris et Adam de Fulde traitent le système des valeurs musicales appelées alors : maxime, longue, brève, semi-brève et minime ; enfin Monteverde découvre l'accord de septième dominante, qui a été l'anéantissement du plainchant et le point de départ de l'harmonie actuelle, d'où est surgie tout entière la musique dramatique ; c'est, en un mot, à partir de cette époque curieuse, unique et si multiple dans ses aspects, que l'historien aperçoit les premiers jalons de l'art et de la civilisation modernes.

Mais c'est en Italie, ce pays au ciel bleu, à la mélodie suave, à la langue harmonieuse, où s'épanouit cette magnifique éclosion. C'est de cette terre baignée de lumière et de poésie que partent les rayonnements qui doivent éclairer le genre humain.

Une pléiade de génies est l'auréole du siècle de Léon X. Palestrina le divin donne à la musique des accents extatiques; plus tard naît la forme dramatique musicale, à Florence, sous le nom de *dafne*, par Peri et Rinuccini; Stradella chante; Scarlatti, Metastasio, Pergolèse, Buranello, agrandissent le domaine lyrique.

A partir du règne de Henri III, le roi des mignons, la chronique mentionne l'arrivée en France de troupes et de chanteurs italiens. En 1645, Mazarin protége particulièrement des acteurs de la Péninsule, qui ne peuvent cependant se maintenir chez nous. Sept ans plus tard survient une autre troupe italienne, expulsée par Louis XIV en 1699. Les acteurs ultramontains ne reparaissent plus que sous le régent, en 1716, et continuent dès lors le cours de leurs représentations à l'hôtel de Bourgogne, rue Mauconseil, jusqu'en 1780, époque où les succès croissants de l'opéra-comique avaient absorbé leur répertoire.

Mais n'anticipons pas.

Nous disions que dès 1595 apparaissait l'opéra-comique, à l'état embryonnaire, bien entendu. A cette époque prirent naissance les spectacles forains dirigés par des entrepreneurs, à charge de payer deux écus aux confrères de la Passion. Dans le courant du siècle suivant, la *comédie de chansons* eut lieu à la foire Saint-Germain, pendant les mois de février, mars et avril, et à la foire Saint-Laurent, boulevard du Nord, pendant les mois de juillet, août et septembre. La foire Saint-Ovide, qui se tenait au Cours-la-Reine et aux Champs-Elysées, ne fut ouverte que sous le règne de Louis XV.

Ces foires avaient une renommée européenne; on s'y rendait de tous côtés. Une animation extraordinaire y régnait; ce n'était pas seulement le menu peuple qui les envahissait, mais la haute société du temps ne dédaignait pas de les fréquenter. Les étalages les plus hétérogènes s'y rencontraient, les marchands les mieux huppés étaient confondus parmi les jongleurs et les saltimbanques; Paillasse, Arlequin et Jocrisse y coudoyaient M. Josse, orfévre, et M. Jourdain, marchand drapier.

A côté des tréteaux s'étaient établis d'autres spectacles plus relevés; les pièces n'étaient point improvisées sur des canevas donnés comme par les

Italiens, on jouait des farces écrites, entremêlées de *timbres* et de *vaudevilles*. Déjà apparaissent les premières persécutions auxquelles le théâtre plébéien va être en but pendant tant d'années. Un ordre de Louis XIV interdit aux forains, en 1678, de chanter et de se servir de plus de quatre violons et d'un hautbois.

Allard, Bertrand, Dolet, Dominique, Saint-Edme, Lalauze, Honoré et Monet, sont les principaux directeurs de ces théâtres où *s'esbattait* le rire de nos aïeux. — Catherine Vanderberg, qui avait le privilége du théâtre de la foire Saint-Laurent, conclut un traité avec l'Opéra, le 28 septembre 1716, par lequel elle avait la permission exclusive de donner, pendant la durée des foires, des pièces mêlées de chant, danses et symphonies, pendant un espace de quinze ans, moyennant 35,000 livres par an; ce qui n'empêche pas l'Académie royale de traiter, au mépris de cette clause, avec les sieurs Lalauze et Francisque, en 1721, dans des conditions semblables.

En 1715, nous trouvons pour la première fois le titre d'*opéra-comique* donné à une parodie de Télémaque, due à Lesage pour les paroles et à Gilliers pour la musique *nouvelle*. Ce Gilliers était violoniste à la Comédie-Française. Ce mot d'opéra-comique, créé si longtemps avant le genre auquel il se rapporte, signifiait proprement, à l'époque des théâtres forains, œuvre plaisante avec chansons et vaudevilles ; la plupart étaient des arlequinades, des farces, des parades semées d'airs populaires.

Une impulsion nouvelle est donnée, en 1724, à ces spectacles suburbains. Lesage, Fuzelier, Dorneval, engagés par de nouvelles directions, écrivent des pièces mieux conduites ; on cite encore Gilliers pour des airs *nouveaux* intercalés dans un prologue intitulé *les Dieux de la foire*.

L'orchestre se composait alors de huit violons, un hautbois, une flûte, un basson, deux cors, une contre-basse.

Le public désertait les grands théâtres et se portait en foule à ce nouveau genre de divertissement. Une vogue immense était désormais acquise au théâtre de l'Opéra-Comique de la foire.

Ce succès fut son crime.

Il allait éprouver les bienfaits des priviléges. Comment lui, chétif et dernier venu, oser rire et chanter en face de ses maîtres, l'Opéra et la Comédie-Française ! Oser grandir à côté de ces tabernacles de l'art, quelle audace ! *on le lui fit bientôt voir !* Le malheureux ne savait donc pas que, du jour au lendemain, on pouvait lui signifier un arrêt ainsi conçu : « De par *notre privilége* il est défendu de se divertir ici ? » Placés entre le privilége de l'Opéra, qui leur défendait les chansons, et le privilége de la Comédie-Française, qui leur interdisait la comédie, les forains eurent de douloureuses luttes à subir avec leurs redoutables rivaux. « Le parlement se trouvait sans cesse appelé à réprimer les empiétements de chaque entreprise nouvelle sur les droits des deux seigneurs suzerains de l'art dramatique, » lisons-nous dans la *Législation des théâtres* de MM. Vivien et Ed. Blanc. De plus, la Comédie-Italienne venait de se constituer sur des bases définitives, et complétait ainsi une trinité dramatico-autocratique qui, pendant un espace de trente années environ, harcela les théâtres forains de ses persécutions.

Il leur fut défendu de jouer des pièces en dialogue; on alla même jusqu'à supprimer ensuite les monologues; ces odieuses manœuvres ne firent qu'alimenter l'imagination des forains : ce furent des enfants qui jouèrent, puis des marionnettes; on essaya les pantomimes, mais les acteurs chantant les airs populaires, l'Opéra s'en émut et interdit cette atteinte portée à sa souveraineté. Que fait-on ? on place alors des écriteaux au bout d'une perche : ce sont les couplets des chansons; l'orchestre les joue et le public les chante lui-même; il double son plaisir en prenant part en quelque sorte à l'action, et en protestant à sa manière contre les abus intolérables des privilégiés. Ce ne fut pas tout encore. Afin d'éloigner des théâtres de la foire la bonne société, une ordonnance fixa un prix unique pour les places; elles furent établies à 24 sols par personne. On exila les instruments à vent, et le petit orchestre en était réduit à quatre violons. De si beaux faits furent enfin dignement couronnés, sous le ministère d'Argenson, en 1718, par un acte de vandalisme inouï. La police satisfit la jalousie des *grands-comédiens,* en envahissant le théâtre de la Foire; tout fut brisé, lacéré, saccagé, et après ce glorieux assaut, des archers tinrent garnison dans cette enceinte où le bon peuple avait eu le tort de se *gaudir* en dehors des règles et d'oublier peut-être pour un instant ses souffrances. Comment s'étonner qu'au souvenir de tant de vexations Grimm s'écrie : « Et puis prêchez la tolérance, et flattez-vous de la voir régner dans un pays où Henri IV et Polichinelle ont été persécutés avec un égal acharnement ! »

A l'époque de ces tribulations, les appointements des acteurs forains étaient loin d'approcher de ceux de nos artistes contemporains. Mlle Bastolet, actrice assez remarquable alors, était engagée par les directions Dolet, Lalause et Honoré (1727) à « vingt sols par jour. »

On a fait du chemin depuis.

Cependant l'Opéra, en vertu de son privilége, accorda au théâtre Saint-Laurent la permission de chanter; quand, en 1744, les Comédies Française et Italienne obtinrent définitivement la suppression du théâtre dirigé par Monet, les acteurs furent incorporés à l'Opéra et à la Comédie-Italienne. Dès lors la foire perdit pour le public son principal attrait, les théâtres privilégiés ne gagnèrent pas plus de monde; le bureau de la ville comprit l'absurdité d'une pareille mesure, et, sur ses instances réitérées, on octroya à Monet la permission d'ouvrir à nouveau son théâtre, et le 3 février 1752 on joua une pièce de circonstance, intitulée *le Retour favorable*.

Où en était la musique pendant la première moitié du dix-huitième siècle? Elle était à la hauteur des esprits. Depuis Lulli on n'avait pas fait de progrès, on en était à sa psalmodie et à son récitatif soporifique. Les hontes de la régence, l'immoralité du ministère Dubois, les turpitudes du système de Law, l'avilissement du pouvoir semblaient avoir énervé ou éteint les forces vives de la nation. Tout était bâtard à cette époque : la peinture était sans style, la littérature fade et licencieuse, la musique plate et incolore.

Il est temps que Voltaire persifle, que Rousseau

se révèle, que Rameau arrive, que Montesquieu médite, que Diderot, Helvétius, d'Alembert, Grimm, Chamfort, Rivarol apparaissent avec l'Encyclopédie ; il est temps que ces remueurs d'idées secouent la torpeur dans laquelle on était enseveli : épîtres et lettres, tragédies et sonnets, philosophie et chansons, histoire et contes, allaient à la première occasion jeter leurs saillies et leurs paradoxes, toutes ces étincelles de l'esprit incisif, frondeur et profond qui caractérise les discussions de cette période remarquable.

Le dix-huitième siècle, si prodigieux par son mouvement philosophique, politique et social, eut la fortune singulière de donner lieu à trois disputes musicales. La première fut celle qui signala l'apparition d'*Hippolyte et Aricie,* en 1733 ; il y eut alors le camp des lullistes et des ramistes ; la seconde, celle de 1752, dont nous allons parler, et la troisième, en 1777, appelée la guerre des gluckistes et des piccinistes.

En 1752, l'année même de la réouverture du théâtre de l'Opéra-Comique de la foire, l'Académie royale de musique accueillit une troupe de chanteurs italiens, engagés d'abord pour le théâtre de Rouen. Ces acteurs initièrent le public à un genre d'ouvrages tout nouveau. Leurs représentations durèrent vingt mois ; les principales productions, jouées depuis le mois d'août 1752 jusqu'au mois de mars 1754, furent : *la Serva padrona*, de Pergolèse ; *il Giovatore*, d'Orlandini ; *la Zingara*, de Rinaldo di Capone, et *Bertoldi in Corte*, de Ciampi. Ces représentations furent le signal d'une guerre de plume des plus acharnées. Les polémistes se partagèrent en deux camps : les partisans et les adversaires de la musique française. Les diatribes les plus violentes s'échangèrent de part et d'autre.

Des esprits éminents niaient non-seulement la musique française, mais la possibilité d'une musique nationale ; ils déclaraient la prosodie française antilyrique et détestable au point de vue musical.

Voici en quels termes s'exprime J.-J. Rousseau, l'un des plus acharnés détracteurs de la musique française : — « Je crois avoir fait voir qu'il n'y a ni mesure ni mélodie dans la musique française, parce que la langue n'en est pas susceptible ; que le chant français n'est qu'un aboiement continuel, insupportable à toute oreille non prévenue ; que l'harmonie en est brute, sans expression, et sentant uniquement son remplissage d'écolier ; que les airs français ne sont pas des airs ; que le récitatif français n'est point du récitatif. D'où je conclus que les Français n'ont point de musique et n'en peuvent avoir, ou que, si jamais ils en ont une, ce sera tant pis pour eux. » L'irascible et paradoxal auteur du *Contrat social* semblait pressentir, par ces dernières paroles, que le temps approchait où cette prédiction serait démentie. La notice qu'il a mise plus tard à la fin de sa *Lettre sur la musique française* confirme cette bizarre appréhension : « Je n'appelle pas avoir une musique, que d'emprunter celle d'une autre langue pour tâcher de l'appliquer à la sienne, et j'aimerais mieux que nous gardassions notre maussade et ridicule chant que d'associer encore plus ridiculement la mélodie italienne à la langue française; le dégoûtant assemblage qui, peut-être, fera désormais l'étude de nos musiciens, est trop monstrueux pour être admis, et le caractère de notre langue ne s'y prêtera jamais. Tout au plus quelques pièces comiques pourront-elles passer en faveur de la symphonie, mais je prédis hardiment que le genre tragique ne sera pas même tenté. »

Ce *dégoûtant* et *monstrueux* assemblage était tout simplement le coup de grâce donné aux idées de Rousseau au sujet de la prosodie française au point de vue lyrique; il ne pensait pas que les temps étaient proches où il applaudirait les œuvres de Grétry.

Quand il parle du genre tragique, qui ne sera *pas même tenté*, aurait-il deviné qu'un jour les accents d'*Orphée* et d'*Alceste,* du chevalier Gluck, trouveraient en lui un admirateur? La *Lettre sur la musique française* provoqua une multitude de brochures et d'opuscules signés par d'Alembert, le baron d'Holbach, l'abbé Voisenon, Cazotte, Fréron, etc., etc. D'après les quelques titres qui suivent, on pourra apprécier le bon goût qui accompagnait cette ridicule polémique : *L'Anti-Scurra ou Préservatif contre les bouffons italiens; Lettre d'un Visigoth à M. Fréron; Lettre sur la musique, par M. le vicomte de la Pétarade, amateur de basson; Apologie de la musique française contre les assertions peu mélodieuses, peu mesurées et mal fondées du sieur J-.J. Rousseau.*

On le voit, comme dans toutes les discussions passionnées, de part et d'autre on dépassa les bornes; les admirateurs quand même du style lourd, blafard, de cette psalmodie « antique et solennelle, » appelée la musique française, donnèrent satisfaction à leur amour-propre, en obtenant l'expulsion des Italiens. Cette victoire apparente eut des suites auxquelles ces dilettantes du passé ne s'attendaient pas. La révolution était faite; tous les esprits d'élite, qui dépassent ordinairement le temps où ils vivent, provoquèrent une telle impulsion en faveur de la mélodie pure, de cette mélodie qui s'était révélée avec tant d'éclat dans l'intermède ravissant de

Pergolèse, que, bannie de l'Opéra, elle se réfugia au théâtre forain Saint-Laurent. L'avocat Baurans riposta aux assertions du philosophe de Genève dans ses traductions des pièces de bouffonistes. *La Servante maîtresse, Ninette à la cour, la Bohémienne,* jouée par Mme Favart, des pastiches dans le goût italien, les meilleurs intermèdes traduits, composèrent un nouveau répertoire au théâtre de la Foire, à côté d'ouvrages originaux français qui naissaient au contact de la muse italienne.

Le souvenir de cette lutte musicale et de la fameuse lettre de J.-J. Rousseau inspira, quarante ans après, les réflexions suivantes à Grétry : « Si j'eusse pu devenir l'ami de Rousseau, si en me voyant au travail, voyant avec quelle promptitude j'essaye tour à tour la mélodie, l'harmonie et la déclamation, pour rendre ce que je sens (je dis promptitude, car il ne faut qu'un instant pour perdre l'unité en s'appesantissant sur un détail), peut-être il eût dit alors : « Je vois qu'il faut être nourri « d'harmonie et de chants musicaux, autant que « je le suis des écrits des anciens, pour peindre en « grand et avec facilité. »

Enfin, malgré toutes les diatribes et toutes les déclamations, les farces, parades, comédies mêlées d'ariettes, prirent insensiblement un aspect musical plus étudié. Les airs nouveaux se multiplierent, les duos et les trios apparaissent traités et développés avec un sentiment scénique. Sous la plume de Duni, de Philidor, puis de Monsigny, certaines pages affectent déjà des formes descriptives. Les moyens sont encore bornés, il est vrai : à peine l'orchestre est-il composé de quatre violons, d'une flûte, d'un hautbois et du basson, qui double naïvement la contre-basse.

Longtemps encore on verra le premier violon jouer à l'unisson la partie supérieure du chant; la trame harmonique est peu variée, les modulations sont timides, les phrases se résolvent uniformément et de la manière la plus élémentaire, mais la route est tracée, et ces génies qui bientôt vont la parcourir avec tant d'éclat, apporteront chacun des couleurs nouvelles à ce tableau commencé sur les tréteaux de la foire.

L'influence des écoles étrangères, les courants politiques et sociaux se refléteront diversement sur notre genre national, sans jamais lui faire perdre sa qualité native; il conservera la saveur de son origine à travers toutes les variations du goût et de la mode; il restera toujours, au fond, distingué, aimable, spirituel surtout.

L'importance de l'opéra-comique grandissait chaque jour; toute production nouvelle était une étape de plus vers la perfection. Après être sorti victorieux de tant de luttes et de persécutions, l'opéra-comique se devait à lui-même de marcher dans le progrès; soutenu par les sympathies croissantes du public, aidé par des auteurs jaloux de bien faire, bientôt il allait être reconnu officiellement. Favart, l'un des premiers collaborateurs au répertoire des théâtres forains, Favart, le pâtissier-impresario, le charmant auteur de *la Chercheuse d'esprit,* s'exprime en ces termes dans une lettre adressée au comte Durazzo, directeur des théâtres impériaux de Vienne, le 14 janvier 1760, au sujet de l'opéra-comique, et des efforts qu'il a faits en faveur du progrès de ce genre de spectacle : « L'opéra-comique, malgré les soins que nous prenons tous les jours pour l'épurer, se ressent encore de son origine. Ce spectacle, composé des débris de l'ancienne troupe italienne supprimée par Louis XIV, s'établit pendant la régence et s'accrédita pendant ces temps d'ivresse et de vertige où le système de Law, en confondant tous les états par des fortunes aussi rapides que peu méritées, entraînait nécessairement la corruption du goût et des mœurs.

« L'opéra-comique parlait alors le langage des sociétés; c'était le ton du jour, et sa licence devait être imputée bien moins aux auteurs qu'au public même, dont il fallait caresser la dépravation pour obtenir les suffrages. Lesage, Fuzelier, Dorneval et

Piron furent les premiers qui tentèrent d'ennoblir le théâtre. Ils le purgèrent de ses plus grossières obscénités; mais ils ne remplirent pas entièrement leur objet, parce que l'on était persuadé qu'une liberté cynique constituait le genre de l'opéra-comique et devait en être le caractère distinctif. Le vice était trop inhérent, il fallait du temps pour le détruire. Ce n'est que par degrés imperceptibles que l'on est parvenu à rendre ce spectacle plus digne des honnêtes gens. J'ai fait moi-même ce que j'ai pu pour y contribuer, mais je sens qu'il y a encore beaucoup à réformer... »

Cela était dit en 1760; mais revenons au théâtre populaire de la foire, et tournons les regards vers l'époque de sa résurrection, c'est-à-dire en l'an de grâce 1752.

II

Les Troqueurs, de Dauvergne. — Les premiers champions de l'Opéra-Comique. — La Comédie-Italienne. — *Rose et Colas* et le *Roi et le Fermier*. — Un critique aimable. — Gossec. — Grétry, son style et sa théorie dramatique. — Gluck et Grétry. — Une réminiscence. — Une lettre de recommandation. — L'école française existe-t-elle? — *Le Huron*. — Un enthousiaste.

Un an après la réouverture du Théâtre dirigé par Monet, le 30 juillet 1753, eut lieu la première représentation des *Troqueurs*, paroles de ce *polisson* de Vadé, comme disait Voltaire, musique de Dauvergne. Dans le courant de cette analyse, il nous arrivera souvent de faire de simples mentions d'ouvrages plus importants, plus achevés que celui-ci, mais ne doit-on pas s'arrêter avec plus d'intérêt à quelques-unes de ces œuvres qui sont des dates dans l'histoire de l'art?

Quatre personnages se meuvent dans une intrigue fort simple : deux paysans, sur le point de faire leurs épousailles, se demandent s'il ne serait pas préférable, pour chacun d'eux, de troquer leurs promises, et si de cette manière la conformité des caractères ne serait pas mieux résolue. L'essai de cet échange leur donnant d'affreux pronostics, ils y renoncent et retournent à leurs moutons, à leurs futures, voulons-nous dire. — En général, les pièces jouées au théâtre de la Foire jusqu'à sa réunion à la Comédie-Italienne, sont conçues sur des données excessivement naïves, frivoles souvent; mais on y trouve parfois une grâce et une certaine ingénuité dramatique qui n'est pas sans charme. Il est juste de dire que, quoique très-simples, quantité de canevas méritent d'être signalés pour leur coupe heureuse et leurs situations habilement ménagées.

Dauvergne, successivement violoniste, *batteur de mesure* et directeur de l'Académie royale de musique, fut loin d'être un esprit transcendant. Il reste de lui nombre d'ouvrages oubliés aujourd'hui; seule, la partition des *Troqueurs* a donné à son auteur, par un heureux hasard d'événements, une célébrité dont il ne se serait pas douté. Malgré le succès de cette *comédie à ariettes,* il n'a pas continué à exploiter cette mine fertile. *Les Troqueurs* sont le premier ouvrage calqué et inspiré par ceux des bouffonnistes italiens; ce fut dans ce petit poëme que l'opéra-comique révéla sa double origine. C'est bien là encore l'aspect des anciennes pièces foraines, avec un dialogue parlé entrecoupé de *chansons,* mais les airs sont nouveaux et prennent plus de proportions, et de vraies scènes musicales commencent à se dessiner ; seul, le récitatif italien est absent.

A partir des *Troqueurs*, le succès des comédies à ariettes alla toujours croissant jusqu'en 1762, époque qui signale la fusion du théâtre de la Foire avec celui de la Comédie-Italienne. Dans cet espace de dix années, les auteurs qui alimentaient le répertoire étaient : Favart, Vadé, Anseaume, Piron, Sedaine, Poinsinet, Panard, Lemonnier, etc. Ils fournissaient les imbroglios que fécondait l'inspiration de Duni, Philidor et Monsigny, ces pères véritables de notre genre national.

Nous venons de nommer Duni. Sans analyser les œuvres de ce compositeur, dont toutes ont été éclipsées par son contemporain Monsigny, nous dirons que ses mélodies ont en général un tour simple, heureux et gracieusement trouvé. Le premier ouvrage qu'il fit représenter fut *le Peintre amoureux de son modèle*, en 1757. Cette pièce, délicatement traitée par Anseaume, eut un grand uccès, on alla même jusqu'à la comparer à *la Serva Padrona*.

Il est inutile d'ajouter quelle est la distance qui sépare le chef-d'œuvre exquis de Pergolèse, où règne cette fusion enchanteresse de la diction et du chant, du mot et de la note, cet intermède imprégné d'un charme inimitable, d'avec la pièce de

Duni. Cependant l'opéra-comique de ce dernier rappelle la coupe scénique de *la Servante*, mais l'instrumentation de Duni est de beaucoup inférieure à celle de Pergolèse, et même à celle de la plupart des élèves sortis comme lui de l'école de Duranti. En somme, ses mélodies sont naturelles, vraies, trouvées.

Saluons en cet aimable Italien, — *ce bon papa Duni*, comme il était appelé, — le premier pionnier de cette phalange harmonieuse qui a donné tant d'éclat à notre œuvre française; nous ne nommons pas Dauvergne, qui, après *les Troqueurs*, a déserté le théâtre de son succès.

Dans un espace de treize ans, à partir de 1757, Duni a produit dix-huit opéras-comiques.

En poursuivant notre chronologie, nous remarquons deux nouveaux venus en 1759. Le premier, Philidor, aussi célèbre par sa passion et son talent pour le jeu aux échecs que par ses productions musicales, donne *Blaise le Savetier*; le second, Monsigny, dans *les Aveux indiscrets*, commence à tracer une voie ignorée. En lui, un créateur charmant, plein de grâce et de sentiment, vient de se révéler. Pendant un laps de temps de sept années, Monsigny brilla presque seul au répertoire forain. — Citons *le Maître en droit*, *le Cadi dupé*, où se trouve un si excellent duo comique entre le cadi et le teinturier, et *On ne s'avise jamais de tout*, qui a été la brillante clôture du théâtre Saint-Laurent.

Nous passons rapidement sur ces productions pour arriver à celles qui ont plus spécialement marqué la manière de leurs auteurs.

Impuissante à lutter avec avantage contre le théâtre de l'Opéra-Comique, la Comédie-Italienne préféra s'incorporer le spectacle populaire. La fusion définitive eut lieu, comme nous l'avons dit précédemment, en 1762, et les deux troupes jouèrent ensemble pour la première fois dans la comédie *les Trois Sultanes*, de Favart. La batte d'Arlequin, les lazzis et les grimaces de Pierrot, les infidélités de Colombine, voisinaient avec l'ariette enjouée et facile de Duni, l'harmonie de Philidor et la mélodie expressive de Monsigny.

Deux ouvrages signalèrent particulièrement à cette époque, — un espace de trois ans environ : — *le Roi et le Fermier* en 1762, de Monsigny, et *Tom Jones* en 1765, de Philidor.

La sensibilité exquise, la fraîcheur des motifs, la grâce touchante de Monsigny se manifestèrent avec éclat dans ce touchant poëme, qui côtoie la berquinade et qui eut le privilége d'attendrir et d'intéresser nos aïeules à vertugadins. L'instrumentation est encore bien timide. Le quatuor, un hautbois, deux flûtes, deux cors, basson et contrebasse, voilà les seules ressources. L'auteur essaye cependant certains effets qui devaient paraître bien osés : il s'engage dans la description musicale d'un orage.

Des trémolos innocents, quelques traits chromatiques entrecoupés de deux mesures de récitatif, sont censés simuler ce trouble des éléments que quelques-uns de nos maîtres modernes ont exprimé si puissamment. Passons sur ces tentatives ; aussi bien, nous pourrions citer certains chœurs qui affectent pompeusement le style fugué et qui rappellent trop bien la fugue élémentaire à quatre parties de *Frère Jacques*. Sans ajouter foi aux critiques violentes et de mauvais goût de Grimm, nous dirons que les œuvres de Monsigny attestent sa gaucherie dans la science de l'orchestration.

Mais, par quels trésors il sait racheter cette faiblesse ! Quelle ravissante pastorale que ce trio des deux jeunes filles et de la mère, où les unes chantent leurs amours et où l'autre laisse échapper son inquiétude ! Cela est tout simplement composé de trois phrases qui se suivent, se répondent, se rapprochent avec une grâce adorable.

A coup sûr, cela ferait pitié à un contre-pointiste, mais comme l'accent est vrai ! comme on suit *le petit Colas qui va jouer de la cligne-musette sous la coudrette ;* comme ce motif vient du cœur ! Et le duo : *Un instant, il m'attend*, et tant d'autres mélodies si heureusement inspirées. Monsigny avait le travail lent et difficile, mais il possédait au suprême degré l'instinct de la scène : *le Roi et le Fermier* est le prélude du *Déserteur ;* on y pressent déjà le côté dramatique ; l'auteur commence à grouper les voix, et à écrire des scènes où il sait s'affranchir de l'uniformité du rhythme.

Tom Jones, de Philidor, décèle une main plus habile. Cette partition, comme la précédente, renferme aussi sa page descriptive, c'est un récit cynégétique dont la musique a un certain coloris. Les mélodies affectent trop souvent une trop grande parenté entre elles, cependant il y a l'air du père racontant ses discrètes fredaines, qui est empreint d'une coupe originale. La pièce finit en vaudeville comme toutes celles de l'époque, c'est-à-dire la reprise en chœur d'un couplet chanté par chaque personnage.

La fraîche et délicieuse pastorale, *Rose et Colas*, de Monsigny, et *les Deux Chasseurs*, charmante production de Duni, paraissent également dans cette période.

Ces dernières œuvres précédèrent d'un an *Aline, reine de Golconde*, un opéra où le génie de Monsigny se fourvoya à la remorque du style de Rameau.

Quoique *Aline* n'appartienne plus au genre comique, on nous pardonnera une petite incursion dans un autre domaine ; on verra plus loin de quelle manière on rendait compte d'une représentation, et quelle mesure un critique savait garder dans ses appréciations. C'est Grimm qui parle : — « M. de Monsigny n'est pas musicien de profession, il n'y a rien qui n'y paraisse. Sa composition est remplie de solécismes ; ses partitions sont pleines de fautes de toute espèce. Il ne connaît point les effets ni la magie de l'harmonie, il ne sait pas même arranger les différentes parties de son orchestre, et assigner à chacune ce qui lui convient. En Italie, M. de Monsigny serait renvoyé du théâtre à l'école..., mais en France, le public n'est pas si difficile, et quelques chants agréables mis en partition comme il plaît à Dieu, des romances surtout, genre de musique national, sur lequel le parterre est singulièrement passionné, ont valu à ce compositeur les succès les plus flatteurs et les plus éclatants. On le regardait même comme l'homme le plus propre à opérer une révolution sur le théâtre de l'Opéra, et à faire la transition de ce vieux et misérable goût qui y règne, à un nouveau genre, sans trop choquer les partisans de la vieille boutique... Le public leur a rendu justice (Sedaine et Monsigny) en rangeant leurs opéras dans la classe de ces ouvrages insipides et barbares, qui seront enterrés sous les ruines de cette vieille masure, le jour que les Français sauront ce que c'est qu'un spectacle en musique. »

Le petit prophète de Bohemisbroda n'avait pas égaré sa plume, mais ici elle a perdu sa fine raillerie.

Un nouveau nom surgit à la Comédie-Italienne, c'est Gossec, le père de la musique instrumentale en France, le précurseur de Haydn. *Les Pêcheurs*, ouvrage agréable, semé de motifs heureux, mais peu saillants, toujours traité selon le cadre exigu de la comédie à ariettes, tient la scène pendant un an environ, à côté de *la Clochette*, des *Sabots*, de Duni, et du *Jardinier de Sidon*, de Philidor.

Un mouvement irrésistible était désormais imprimé à l'opéra-comique, bientôt il allait subir une transformation prodigieuse. Sous l'influence d'un vigoureux génie, il ira pénétrer plus avant dans le cœur humain, il parlera le langage des amours, il sera la vérité dramatique.

Un enfant de la Flandre, nourri des œuvres de Scarlatti, Pergolèse, Buranello, etc., fut l'auteur de cette révolution, qui prolonge encore ses rayonnements jusqu'à nos jours. On devine que c'est de Grétry qu'il s'agit.

Depuis l'apparition de ce colosse sur la scène de

l'opéra-comique, toutes les œuvres qui ont paru à la Comédie-Italienne, et, plus tard, salle Favart, jusqu'à la période révolutionnaire, dont Méhul a été la plus fidèle expression, toutes ces œuvres, disons-nous, pâlissent à côté de celles de Grétry.

Nous nous arrêterons sur ce puissant créateur de la musique française. En nous étendant plus longuement sur lui et sur le caractère particulier de son œuvre, nous ne reproduirons à peu près que le véritable mouvement musical qui a signalé le règne de Louis XVI et précédé l'époque tumultueuse de la fin du dernier siècle. Nous nous réservons cependant l'examen des ouvrages qui, à part ceux de Grétry, auront contribué à caractériser cette période intéressante.

Avec quel amour de leur art, Gluck et Grétry, ces sublimes créateurs, ont donné dans leurs écrits le fruit de leurs méditations ! Gluck, dans ses préfaces, Grétry, dans ses *Essais*, nous donnent la mesure et la portée de l'étude profonde et savante qu'ils ont faite de l'art dramatique. Comme on sent que la puissante individualité de l'un et de l'autre est fécondée par l'observation du cœur humain ! Dans la tragédie comme dans la comédie lyrique, l'un et l'autre ont cherché l'expression vraie des sentiments et des passions; ils ont poussé, chacun dans son genre, l'application de leurs théories avec l'opiniâtreté du génie sûr de lui-même. Grétry est non-seulement un musicien hors ligne, mais c'est un poëte, un poëte dramatique admirable ; au point de vue de la scène, de la peinture d'un caractère, d'une situation, il est unique. Il a expliqué lui-même sa manière d'envisager l'opéra-comique ; nous ne saurions mieux faire que de lui laisser la parole. « Je cherchai la vérité dans la déclamation ; après quoi, je crus que le musicien qui saurait le mieux la métamorphoser en chant serait le plus habile. Oui, c'est au Théâtre-Français, c'est dans la bouche des grands acteurs, c'est là que la déclamation, accompagnée des illusions théâtrales, fait sur nous des impressions ineffaçables, auxquelles les préceptes les mieux analysés ne suppléeront jamais. C'est là que le musicien apprend à interroger les passions, à scruter le cœur humain, à se rendre compte de tous les mouvements de l'âme... En général, le sentiment doit être le chant ; l'esprit, les gestes, les mines doivent être répandus dans les accompagnements. » Cette dernière phrase résume en quelque sorte le style de Grétry. Plus loin, l'auteur de *Richard* définit en ces termes notre genre national : « Il me fallut quelque temps pour m'habituer à entendre parler et chanter dans une même pièce (à propos de *Rose et Colas* et de *Tom Jones,* qu'il a entendus pour la première fois lors de son séjour à Genève) ; cependant je sentais déjà qu'il est impossible de faire un récit intéressant lorsque le dialogue ne l'est point. Le poëte a une exposition à faire, des scènes à filer ; s'il veut établir ou développer un caractère, que peut alors le récitatif? fatiguer par sa monotonie et nuire à la rapidité du dialogue... Laissons donc parler la scène. Formons à la fois des comédiens déclamateurs et des musiciens chanteurs. » Dans son examen de *la Fausse Magie,* Grétry s'exprime ainsi au sujet de l'équilibre entre la mélodie et l'harmonie : « Le premier acte est peut-être ce qu'il y a de plus estimable dans mes ouvrages ; n'écoutant que le chant, on est tenté de le mettre au rang des compositions faciles, mais le travail des accompagnements, les routes harmoniques qu'ils parcourent arrêtent le jugement trop précipité, et l'on sent que le caractère distinctif de cette production vient d'un certain équilibre entre la mélodie et l'harmonie. L'équilibre dont je parle ne consiste pas à appliquer beaucoup d'harmonie sur un chant heureux, il faut que les accompagnements eux-mêmes aient le caractère de la vérité. Il y a des *trouvailles* d'harmonie comme de mélodie, et ce n'est pas la difficulté vaincue ni le rapprochement subit de deux gammes éloignées qui en constituent le mérite ; c'est parce que cette harmonie elle-même est *vraie* et *expressive* que je la trouve heureuse. »

Cela est dit d'une façon juste et vraie; néanmoins Grétry ne se sentait pas à l'aise dans le langage de l'orchestre; là est son point vulnérable. Un fait curieux à observer, c'est, à côté de l'élévation, la richesse et la variété de son génie mélodique, sa faiblesse extrême à l'égard de l'instrumentation et la nudité de son harmonie. Philidor, qui, à tous égards, lui est inférieur, semble avoir eu le *sentiment* des effets d'orchestre à un plus haut degré que l'immortel auteur du *Tableau parlant*, de *Zémir et Azor*, etc. Etait-ce peut-être la connaissance de cette faiblesse qui lui faisait dire qu'on doit se garder de mettre sur la scène le piédestal de la statue? Sans nier la profonde vérité de ces paroles, il a été prouvé depuis que le rôle passif et secondaire de l'orchestre peut changer d'aspect sans nuire à la partie vocale; que, bien au contraire, manié par le génie, il est un auxiliaire puissant; il est la couleur d'un tableau dont la scène n'est que le dessin. Grétry était loin de faire *parler* l'orchestre comme Gluck et Mozart, ces poëtes qui ont trouvé dans l'harmonie des accents si divins! En principe, le compositeur flamand accorde pourtant à l'orchestre une part dans l'action.

« Si c'est un poltron qui parle et qui s'attribue un

caractère pourfendeur, l'accompagnement doit, par son rhythme indécis, être le démenti des assertions du personnage. » Voilà à peu près le résumé d'une de ses réflexions ; seulement écrite dix ans après *Richard*, son chef-d'œuvre, et trente ans après *le Huron*, son début, nous inclinons à croire que cette pensée lui a été en quelque sorte suggérée par celle que Gluck avait exprimée en ces termes au sujet de son *Iphigénie en Tauride* : c'était à propos de la scène où Oreste, arrivé au paroxysme de la fureur, retombe abîmé sans mouvement et sans voix, et ne laisse échapper avec ses explosions de haine que ces quelques paroles : « *Mon âme est calme et mon cœur est tranquille*. » Sur ces mots le compositeur déchaîne l'orchestre et le fait mugir. « Pourquoi ce contre-sens, demandait-on à Gluck, puisque Oreste est tranquille ? — *Il le dit*, répondit le Titan musical, *mais vous ne voyez donc pas qu'il ment !* »

Grétry sentait apparemment la saisissante vérité de ce principe ; il devinait, avec le sens élevé qui le caractérisait, le merveilleux parti que l'on peut tirer d'une masse instrumentale, mais cela n'était pas son tempérament.

On retrouve à ce sujet un fait qui donne une singulière idée de l'opinion que Casali s'était faite sur Grétry. Casali était son professeur de composition lors de son séjour à Rome. M. Fétis rapporte que ce maestro, bien plus frappé du défaut musical de son élève que de ses précieuses qualités mélodiques et d'entente dramatique, lui donna une lettre pour un de ses amis résidant à Genève. Cette lettre commence par ces mots : « Mon cher ami, je vous adresse un de mes élèves, *véritable âne* en musique *et qui ne sait rien*, mais jeune homme aimable et de bonnes mœurs, etc., etc. »

Du reste, Grétry donne en quelques mots la clef de son système : « On peut exprimer juste, en faisant *sortir de la déclamation* un chant pur et aisé, dont l'orchestre ne sera qu'un accompagnement accessoire ; *c'est généralement ce que j'ai cherché à faire.* » Que pourrions-nous ajouter à une déclaration semblable? L'immortel créateur de notre musique a si supérieurement défini son style et sa manière, que nous pourrions nous dispenser de le suivre dans sa profession de foi musicale.

Nous venons de parler de musique, d'école, de style français ; à ce sujet, nous entendons dire que la musique française, proprement dite, est un mythe, qu'il n'en existe pas, qu'il n'y a jamais eu d'école française proprement dite, puisque les plus belles œuvres que nous qualifions comme nôtres, sont dues, la plupart, à des compositeurs étrangers. On cite Grétry pour l'opéra-comique et Gluck pour l'opéra.

A ce point de vue, il est vrai, notre bagage ne se composerait que d'emprunts plus ou moins habiles faits, d'un côté, à l'Italie, cette divine source mélodieuse, de l'autre, à l'Allemagne, cette patrie de l'harmonie. Mais il en est autrement ; tout en s'assimilant les qualités des écoles italienne et allemande, la musique française a toujours su dégager son originalité : la grâce, l'élégance, le goût, l'esprit surtout s'y retrouvent toujours. Gluck était Allemand, mais ce n'est que dans la langue française qu'il a rencontré une prosodie à la fois plus ferme, plus accentuée que l'italienne, plus douce et plus harmonieuse que l'allemande ; la seule prosodie à laquelle il ait pu rigoureusement appliquer sa théorie dramatique. « Sans être, à beaucoup près, une nation musicienne, la France, jouissant d'une température mixte entre l'Italie et l'Allemagne, semble devoir un jour produire les meilleurs musiciens, c'est-à-dire ceux qui sauront se servir le plus à propos de la mélodie unie à l'harmonie pour faire un tout parfait. Ils auront, il est vrai, tout emprunté à leurs voisins ; ils ne pourront prétendre au titre de créateurs ; mais le pays auquel la nature accorde le droit de tout perfectionner peut être fier de son partage. » C'est encore

Grétry qui parle. Celui-ci aussi, dans le genre qui nous occupe, a trouvé dans le cadre de l'opéra-comique, tracé par Monsigny et ses devanciers, le joint favorable à l'éclosion des côtés saillants de son génie. La bouffonnerie italienne, avec son rire éclatant, sonore, trivial quelquefois ; ou la rêverie allemande, noyée dans une métaphysique quintessenciée, lui sont également étrangers. C'est à l'audition de *Rose et Colas,* à Genève, que la vocation de Grétry lui fut révélée. « Et moi aussi, je suis *musicien !* » se sera-t-il dit alors. Il était près de Ferney ; l'homme qui dominait son siècle par son esprit recevait là toutes les illustrations de l'époque. Le jeune Flamand osa se présenter auprès de l'ami du grand Frédéric ; il en reçut l'accueil le plus favorable et la promesse d'un poëme, qui se fit cependant trop longtemps attendre, puisque Grétry vint à Paris tenter la fortune.

La recommandation de Voltaire le mit immédiatement en rapport avec Suard, Philidor, Vernet, l'abbé Arnaud, lesquels, à leur tour, le mirent en relation avec le comte de Creutz, ambassadeur de Suède, amateur passionné de musique, et qui devint l'ami le plus distingué de Grétry. Il fut également le commensal du prince de Conti, dans une des soirées duquel eut lieu la répétition des *Mariages samnites,* répétition qui échoua par suite du mauvais vouloir des musiciens. Arnaud consola Grétry et lui fit obtenir par Marmontel le poëme du *Huron,* représenté pour la première fois à la Comédie-Italienne, le 28 août 1768.

Un succès éclatant accueillit cette pièce. Quoique, pour la grâce et la sensibilité, elle soit loin de *le Roi et le Fermier,* on découvre déjà dans cette partition une entente parfaite des situations, le dialogue musical se colore et peint les caractères. Voyez la scène du portrait ; avec quelle vérité la surprise, l'étonnement de chaque personnage sont exprimés à la vue de ces traits qui révèlent la naissance du Huron ! Une figure déjà dessinée d'une main de maître, c'est le pusillanime et imbécile Gilotin. Mais, quant à la facture générale de cet ouvrage, elle ne diffère nullement de celle des partitions qui l'ont précédé ; la mélodie n'a pas les contours séduisants et purs de Pergolèse ; l'harmonie est suffisante, les ariettes ne dépassent guère la coupe des deux reprises, composées chacune de deux ou trois phrases au plus. Néanmoins, l'impression fut profonde ; sans partager en tous points l'avis du baron de Grimm, nous donnons ci-après un extrait de sa Correspondance à ce sujet :

« M. Grétry est un jeune homme qui a fait ici son coup d'essai ; mais ce coup d'essai est le chef-d'œuvre d'un maître, qui élève l'auteur, sans contradiction, au premier rang. Il n'y a dans toute la France que Philidor qui puisse se mesurer avec celui-là... Le style de Grétry est purement italien ; Philidor a le style un peu allemand et en tout moins châtié... Grétry sait surtout finir ses airs et donner la juste étendue, secret très-peu connu de nos compositeurs. M. Grétry est de Liége ; il est jeune ; il a l'air pâle, blême, souffrant, tourmenté, tous les symptômes d'un homme de génie. Qu'il tâche de vivre, s'il est possible. Il a passé dix ans de sa vie à Naples, et quand on entend son harmonie et son faire, on n'en peut douter... Son *Huron*, tel qu'il est, peut se placer hardiment à côté de *Tom Jones*, le plus bel ouvrage qui soit au théâtre, et bien hardi celui qui osera se mettre au milieu. »

N'en déplaise à M. le baron, un audacieux produira bientôt un opéra-comique que la postérité a placé non au milieu, mais au-dessus du *Huron* et de *Tom Jones*.

Cet opéra n'est autre que *le Déserteur*, de Monsigny.

III

L'influence des philosophes. — Voltaire. — Beaumarchais. — Mozart. — D'Alembert et Mme de Fleury. — Quelques opéras-comiques. — — *Le Déserteur.* — *Lucile.* — *Le Tableau parlant.* — *Les Deux Avares.* — *Zémire et Azor.* — Encore la théorie de Grétry. — *La Rosière de Salency.* — *La Fausse Magie.* — Entrevue de J.-J. Rousseau et de Grétry. — *Félix ou l'Enfant trouvé.* — Drames burlesques de Grétry. — Un quatrain de Voltaire.

A l'époque où nous sommes, dans cette étude, l'influence des philosophes est à son apogée. Une rénovation sociale se prépare de tous côtés; la politique, la littérature, les beaux-arts passent au crible d'une critique ardente et passionnée; la pensée s'émancipe, en un mot. La société, décomposée en haut, s'agite en bas. Louis XVI succède à Louis XV, mort au milieu de l'indifférence générale.

On a eu la dispute de la musique française et de la musique italienne, on aura la guerre des gluckistes et des piccinistes. Pendant que le comte d'Artois et le marquis de Bièvre rivalisent de calembours à Versailles, Beaumarchais prépare sa *Folle Journée;* pendant que l'on joue des bergeries au petit Trianon, Voltaire, le patriarche de Ferney, revient à Paris; sa présence remue tous les esprits; il réalise le plus bel exemple de la souveraineté de l'intelligence. Sa mort est un deuil public.

Garat, le plus merveilleux chanteur que la France ait possédé, apparaît au moment où l'infortuné Gilbert se meurt. Mozart est reçu par Marie-Antoinette, qui le comble de caresses; mais le sublime *bambino* n'est pas compris par les aimables roués de l'Œil-de-bœuf, ce n'est qu'après 1790 que le génie de l'auteur de *Don Giovanni* contribue à une transformation de la musique en France. Époque curieuse, mélange étonnant de tout ce qu'il y a de plus frivole et de plus profond, Sophie Arnould, la Guimard, la Duthé sont des célébrités; Cagliostro a le don d'émouvoir les sceptiques mêmes; Montgolfier invente les aérostats; Rousseau suit de près Voltaire dans la tombe; Dalayrac prélude à ses succès; Grétry accomplit le cycle de ses chefs-d'œuvre; Gluck transforme l'orchestre et opère une révolution dramatique; la scandaleuse affaire du collier de la reine préoccupe les esprits; des assemblées de notables ont lieu successivement; l'opéra-comique absorbe définitivement la Comédie-Italienne; il est question d'un institut de musique et de déclamation.

Pendant que la guerre d'Amérique popularise Lafayette, que Necker est au pouvoir, les financiers galants construisent des *folies*, les grands seigneurs passent les nuits aux tripots, puis quelques mouvements alarmants présagent un orage prochain.

Ne pourrait-on pas résumer l'état des esprits à cette époque par ces quelques mots, qui dépeignent si bien l'état de la société d'alors, pour laquelle les choses les plus graves donnaient matière à jeux de mots? D'Alembert, se trouvant un jour chez la marquise de Fleury, déplorait amèrement le départ de Turgot, « qui, disait-il, a fait un furieux abatis dans la forêt des préjugés. — Voilà pourquoi, reprit-elle, on nous a depuis servi tant de fagots. » Dirons-nous, avec Grétry, que la marquise ne se doutait pas que ces fagots allumeraient un si terrible incendie?

C'est pendant cet intervalle de vingt ans qui précéda la Révolution et l'arrivée de Méhul sur notre scène nationale, que paraissent à mesure les véritables chefs-d'œuvre de la première manière de notre opéra-comique. Monsigny, dans *le Déserteur* et *Félix ou l'Enfant trouvé*; Grétry, dans *le Tableau parlant*, *Zémire et Azor*, *la Fausse Magie*, *l'Amant jaloux*, *l'Épreuve villageoise* et *Richard Cœur de lion;* Dalayrac, dans *Nina ou la Folle par amour*, donnent, chacun en son genre, la plus haute et la plus vraie expression de leur style.

Nous allons parcourir, à vol d'oiseau en quelque

sorte, ces différentes partitions, que la génération actuelle applaudit encore.

Après trois ans de silence, après cette malencontreuse *Aline*, où il avait tendu son esprit dans un genre qui lui était antipathique, un genre où sa muse hospitalière l'avait abandonné, Monsigny écrivit son chef-d'œuvre, *le Déserteur* (6 mars 1769).

Le pathétique et l'émotion dominent dans cette partition. Tout y est nouveau. Avec cet admirable instinct musical qui était son génie, Monsigny trouve avec les anciennes ressources instrumentales le moyen d'agrandir ses effets d'orchestre : c'est qu'il a deviné la variété des timbres; il a compris qu'il doit exister une mine précieuse à exploiter dans la manière de marier les différents instruments. Le basson commence à abandonner son inséparable compagne la contre-basse, les violons ne sont plus toujours la doublure inévitable de la partie vocale, le hautbois et la flûte jouent alternativement quelquefois; en un mot, l'orchestre est plus largement traité, et ses accents prennent part au drame. Partout la période musicale s'agrandit et se développe. On connaît la pièce de Sedaine. Alexis, un jeune soldat, est l'objet d'un stratagème. Il le prend au sérieux; se croyant trahi par celle qu'il aime, il cherche la mort dans la désertion. Emprisonné et condamné à mort, il est enfin sauvé au moment suprême par sa bien-aimée, innocente de la cruelle ruse qui a failli coûter la vie au trop sensible et trop crédule Alexis. — Le canevas est léger et sent encore l'enfance de l'art, mais les situations sont heureuses et bien amenées.

Tout le rôle d'Alexis est, musicalement, admirablement dépeint ; la jeunesse, l'amour, la douleur, le désespoir sont exprimés avec une vérité touchante. Que dirons-nous qui n'ait été tant de fois répété depuis, de cette scène première, où le jeune soldat croit entrevoir le bonheur ; de celle où, abusé par un mensonge, il se livre à la maréchaussée ; jusqu'à ses adieux à Louise, tout est digne de l'admiration des connaisseurs. Les scènes de la lecture de la lettre de Montauciel et de l'évanouissement de Louise sont supérieurement traitées ; le comique de l'une et le pathétique de l'autre montrent à quel point Monsigny était créateur, lui qui n'avait eu pour tout fond d'études que cinq mois de leçons d'un nommé Giannotti, contre-bassiste à l'Opéra. Non-seulement *le Déserteur* marque l'apogée du talent de Monsigny, mais cette production provoqua une impulsion remarquable en faveur de la musique dramatique. Les motifs du *Déserteur* devinrent rapidement populaires ; de plus, le succès des comédies à ariettes prit dès lors de telles proportions, qu'à partir du mois d'avril 1769, la Comédie-Italienne ne conserva plus que les acteurs chantants : l'opéra-comique avait absorbé l'ancien répertoire italien.

Un an avant *le Déserteur*, Grétry avait donné *Lucile*, une petite pièce qui suggéra plus tard l'idée de *Félix* à Monsigny. On y remarque le quatuor du déjeuner et le monologue du bonhomme Blaise, où la déclamation, étroitement unie à la mélodie, concourt à l'expression. Ce petit tableau à la Greuze dut une certaine vogue, à cette époque, à la sensiblerie domestique dont il est empreint. « *Où peut-on être mieux qu'au sein de sa famille ?* » fut bientôt chanté dans toutes les réunions. Cette même année 1769, qui vit éclore *le Déserteur*, est signalée par un autre chef-d'œuvre, *le Tableau parlant*, de Grétry, une des plus délicieuses bouffonneries de notre répertoire.

Un enthousiasme indescriptible accueillit cette ravissante production. D'un bond, le génie de Grétry atteignit l'expression vraie du comique. Le style musical creuse la pensée poétique, la note devient pateline et narquoise, vive et espiègle. La phrase s'assouplit avec une grâce merveilleuse à tous les contours de chaque caractère.

Comme ces coquins aimables, ces amoureux rusés, ces jeunes cervelles évaporées et crédules bernés par le bonhomme Cassandre, comme toute cette jeunesse s'anime sous les pinceaux du compositeur avec un charme adorable ! Vous rappelez-vous comment Isabelle dépeint la déclaration de son vieux Céladon ? Le rhythme que Grétry a donné au début de cette phrase qui commence par ces mots : « *Tiens, ma reine, je soupire,* » n'a-t-il pas la magie de représenter un vieillard cassé et quinteux? Et la madrée Colombine, et Pierrot avec le récit de son naufrage ébouriffant ! et Léandre ! sans omettre tout le rôle de Cassandre, jusqu'à la scène finale où celui-ci, entendant incognito les plus sanglants quolibets à son adresse, se découvre et jette la confusion la plus comique dans le groupe amoureux, comme tout cela est peint de main de maître !

Le Tableau parlant était aussi une des œuvres préférées de Grétry ; il raconte qu'il en a écrit quatre morceaux de suite, après un dîner chez le comte de Creutz. « J'ai tâché, dit-il, à relever la parade ; je n'aime pas à traiter le bas comique ; les situations les plus triviales doivent toujours être ennoblies. » Grimm ajoute, au sujet de cette production : « C'est un chef-d'œuvre d'un bout à l'autre, c'est une musique absolument neuve et dont il n'y avait pas de modèle en France; cela est à tourner la tête. »

Nous dirons peu de chose de *Sylvain* (1770). On

y remarque un duo : « *Dans le sein d'un père,* » d'une allure franche et d'une coupe assez heureuse. Il commence par un larghetto à deux temps et se termine par un allégro à quatre temps bien rhythmé. La critique trouve cependant prise à ce morceau, le meilleur de la partition : la partie de baryton est écrite d'une façon défectueuse pour la voix, en ce qu'aucune phrase ne possède une série de notes favorables à ce registre vocal. Le compositeur promène la voix du *la* au *sol*, à peine écrit-il un seul *si* bémol inférieur. Quant à la manière de traiter la marche des deux voix, il les fait presque toujours concourir simultanément à l'intervalle de la tierce, d'où il résulte peu de variété dans la trame harmonique.

Des *Deux Avares,* il reste un remarquable chœur de janissaires, parent un peu, comme couleur locale, de la marche nocturne d'*Obéron;* un duo comique entre les deux avares, qui cherchent un trésor supposé au fond d'un puits : « *Prends ainsi cet or,* » est encore une inspiration d'une haute valeur. Rien d'aussi nul que la critique musicale française à cette époque : on discutait, on épluchait, pour ainsi dire, la valeur des poëmes avec une gravité grotesque; la musique était jugée d'une façon toute secondaire. Au sujet des *Deux Avares,* le peu de succès qu'eut cette œuvre est dû, selon les contemporains, à l'indécision des situations et des caractères, que M. Falbaine de Fenouillet n'a pas tracés d'une manière vraisemblable.

Voici maintenant le génie de Grétry qui s'épanouit dans sa plus verte fraîcheur dans *Zémire et Azor*. Ce n'est pas la maturité de son talent, mais c'est la plus suave et la plus abondante floraison de mélodies que sa muse ait fait éclore dans ce conte charmant de *la Belle et la Bête*.

Un tableau gracieux et féerique a permis au compositeur de donner carrière à son imagination dans un ordre d'idées tout nouveau. La scène de la glace magique, avec accompagnement d'instruments à vent seuls, était d'un effet inusité. Cette œuvre accuse un pas immense dans l'art d'enchaîner et de développer les scènes. Non-seulement Grétry a trouvé des accents vrais, mais il a atteint aussi la grâce et la sensibilité.

Quoi de plus expressif et de plus touchant que cette invocation d'amour à la fois timide et ardente : « *Du moment qu'on aime,* » de plus doucement intime que le trio des trois jeunes filles : « *Veillons, mes sœurs,* » de plus pénétrant que la douleur de Sander? Que dire de l'adorable couardise d'Ali le buveur et le dormeur? Quelle rondeur dans le rhythme et quelle franchise dans la mélodie de son air : « *Les esprits dont on nous fait peur;* » et on duo avec Sander : « *Quand j'ai bien bu, ne vous déplaise, je veux dormir;* » et son autre duo avec Zémire, lorsqu'il se décide, malgré sa poltronnerie, à la conduire dans le palais enchanté d'Azor, comme tout cela est écrit !

Par le soin excessif des détails, par son système absolu de faire *sortir le chant de la déclamation,* comme il le dit lui-même, Grétry a souvent négligé un effet général en faveur de l'accent de la prosodie et de la valeur d'un mot appliqués à la phrase musicale.

A son insu, entraîné par sa théorie, sa période perd en charme ce qu'elle cherche à gagner sous le rapport de la finesse de la diction; parfois, il est vrai, Grétry trouve des effets très-heureux, comme celui du bâillement d'Ali dans *Zémire et Azor*. Enivré des liqueurs servies dans le palais d'Azor, Ali reste sourd aux injonctions de son maître Sander; il s'étend et s'apprête à dormir. Le compositeur lui donne une gamme diatonique descendante à chanter sur la syllabe *Ah!* les trois premières notes étant trois rondes et le reste des noires et des croches se terminant encore par une ronde prolongée sur un point d'orgue, le tout exécuté à l'unisson avec l'orchestre. Ce trait provoque irrésistiblement ce spasme nerveux si singulièrement communicatif.

Grétry, voulant éprouver l'effet de cette phrase, lorsqu'il composa ce morceau, la chanta entouré de sa famille; instinctivement chacun bâilla. Mais la théorie de l'immortel auteur du *Tableau parlant* lui fait commettre parfois des puérilités. Ainsi, ce même Ali, en racontant les peurs et les transes qu'il éprouverait dans un voyage aérien, chante sur ces mots : « *La tête tourne,* » quatre mesures, dont deux entières, composées ensemble de dix-huit notes sur la seule syllabe *tour*... Ces notes tournent en effet dans un espace d'une quinte et reviennent alternativement à leur point de départ; mais avouons que voilà pousser la *vérité* dans une voie qui tendrait à l'éloigner du but sublime de l'art, le but défini ainsi par Platon : *Le beau est la splendeur du vrai.*

Aussi Méhul, en disant que Grétry faisait de l'esprit et non de la musique, avait-il raison en certains cas. Pourquoi nous étonner alors que le style de Grétry soit plus compréhensible pour des oreilles françaises que pour toute autre nation? Il cherchait l'expression dans le mot, tombait dans la minutie; il ergotait les syllabes. Cette manière pour atteindre à la vérité de la déclamation donne malheureusement de la sécheresse à la phrase; la mélodie y perd sa suavité et sa limpidité. Grétry, a-t-on dit, a fait des portraits ressemblants qu'il ne sait pas peindre. Cette critique, pour être excessive, n'en est pas moins fondée.

La Rosière de Salency (1774) est un charmant pastel qui représente les aventures naïves et les péripéties à l'eau de rose d'une jeune villageoise enrubannée. La musique est gracieuse et n'affecte pas trop l'air du système dont nous avons parlé plus haut. L'air du pêcheur Jean Gaud : « *Barque légère,* » le duo des deux jeunes filles jalouses, l'air du bailli méritent d'être mentionnés. — Nous passons sur quelques ouvrages secondaires de Dezaides, Mireaux, Martini, Désormery, etc., voire même Philidor et Monsigny, pour dire quelques mots de *la Fausse Magie* de Grétry, sur laquelle nous avons précédemment donné son opinion.

La Fausse Magie n'eut aucun succès ; cette chute fut due en grande partie à la froideur et à la faiblesse d'un poëme insipide. Nous ne partageons pas l'admiration paternelle du compositeur en faveur de son premier acte, mais il reste un duo supérieurement traité, une page remarquable et comme harmonie et surtout comme intention scénique. C'est le duo des deux vieillards qui se disputent l'amour de la jeune fille : « *Quoi ! c'est vous qu'elle préfère !* » Conçu d'une façon syllabique, ce morceau est un type du système créé par Grétry, un type des mieux réussis. « Dans la musique *parlante* de ce duo, le chant est si près de la déclamation, qu'on le confond avec la parole. » Cette définition de Grétry en dit plus que tous les commentaires.

C'est à l'issue de l'une des représentations de *la Fausse Magie* qu'eut lieu la singulière et unique entrevue du compositeur alors si célèbre et de J.-J. Rousseau. Un ami commun fit la présentation de Grétry pendant un entr'acte; l'humeur chagrine et maussade du philosophe de Genève sembla un moment se dissiper.

Plein d'enthousiasme, il vit venir à lui un jeune homme à la physionomie douce et fine, les yeux tournés et l'air pâle d'un homme de génie; ce jeune homme, dont l'aspect frêle et délicat charmait sans cesse le vénérable comte de Creutz, raconte en ces termes cette curieuse rencontre : « Je volai auprès de lui, je le considérai avec attendrissement. — Que je suis aise de vous voir, me dit-il; depuis longtemps je croyais que mon cœur s'était fermé aux douces émotions que votre musique me fait encore éprouver. Je veux vous connaître, monsieur; ou, pour mieux dire, je vous connais déjà par vos ouvrages, mais je veux être votre ami. — Ah! monsieur, ma plus douce récompense est de vous plaire par mes talents. — Êtes-vous marié? — Oui. — Avez-vous épousé ce qu'on appelle une femme d'esprit? — Non. — Je m'en doutais. — C'est une fille d'artiste (la fille du peintre Greuze); elle ne dit jamais que ce qu'elle sent, et la simple nature est son guide. — Je m'en doutais. Oh! j'aime les artistes; ils sont enfants de la nature. Je veux connaître votre femme, et je veux vous voir souvent.

« Je ne quittai pas Rousseau pendant le spectacle. Il me serra la main deux ou trois fois. Nous sortîmes ensemble. J'étais loin de penser que c'était la première et la dernière fois que je lui parlais. En passant par la rue Française, il voulut franchir des pierres que les paveurs avaient laissées dans la rue. Je pris son bras et lui dis : — Prenez garde, monsieur Rousseau. Il le retira brusquement en disant : « Laissez-moi me servir de mes propres forces. » Je fus anéanti par ces paroles. Les voitures nous séparèrent; il prit son chemin, moi le mien, et jamais depuis je ne lui ai parlé.

« Si j'avais moins aimé Rousseau, dès le lendemain je l'aurais visité; mais la timidité, compagne ordinaire de mes désirs les plus vifs, m'en empêcha toujours. La crainte d'être trompé dans mes espérances m'a fait renoncer à ce que je souhaite le plus. Si cette manière d'être expose à moins de regrets, elle contrarie sans cesse l'espérance, cette douce illusion des mortels! »

Huit ans après *le Déserteur,* apparaît la dernière production de Monsigny, son chant du cygne : *Félix ou l'Enfant trouvé* (1777). Depuis l'éclat des œuvres de Grétry, l'aimable auteur de *Rose et Colas* eut le loisir de méditer sur la transformation qui s'était opérée dans le genre de musique dont il a été l'un des premiers créateurs. Aussi trouve-t-on dans *Félix* non-seulement un faire plus habile dans le maniement des voix et de l'instrumentation, non-seulement la grâce et la distinction naturelles à Monsigny, mais encore un langage musical heureusement approprié à chaque personnage. Nous placerons en première ligne un quintette ravissant : « *Finissez donc, monsieur le militaire !* » La disposition des parties est excellente ; la mélodie se plie au caractère particulier des interlocuteurs. Ce *quinque,* comme on disait, et le trio avec la servante, et l'air délicieux de l'abbé : « *Qu'on se batte, qu'on se déchire !* » suffiraient à prouver l'élégance et la variété de l'inspiration de notre cher et aimable Monsigny. Mme Dugazon remplissait le rôle de la servante avec infiniment d'esprit, et, ajoutent les contemporains, avec une grande vérité de costume. Mme Trial, MM. Nainville et Clairval sont aussi cités pour le succès qu'ils obtinrent dans cette dernière page du maître d'hôtel du duc d'Orléans [1].

---

[1] En 1768, Monsigny eut la faveur de succéder à M. Au-

L'année suivante, la plume infatigable de Grétry produisit deux ouvrages curieux : *Matroco*, représenté d'abord à Fontainebleau, un drame burlesque, un mélange d'anciens et de nouveaux airs, une *olla podrida* de personnages fabuleux, de nains, de géants, de métamorphoses, etc., cet ouvrage n'existe plus, il a été dévoré par les flammes; et *le Jugement de Midas*, une parodie de l'ancienne musique française. C'est à l'occasion de cette pièce que Voltaire envoya à Grétry le quatrain suivant, par l'entremise de sa nièce, Mme Denis :

> La cour a dénigré tes chants,
> Dont Paris a dit des merveilles;
> Grétry, les oreilles des grands
> Sont souvent de grandes oreilles.

geart, fermier général, dans la place honorifique que celui-ci occupait au Palais-Royal.

IV

Pérégrination à l'Opéra. — Gluck et Piccini. — La Dauphine et Mme Dubarry. — Une répétition à l'Opéra. — Un auditeur intrépide. — Quel est-il ? — Soirées musicales à Versailles. — Un garde du corps musicien. — Dalayrac. — Méhul. — Quelques mots au sujet de la Révolution. — *L'Amant jaloux.* — Naissance du Dauphin. — *L'Épreuve villageoise* et *Richard Cœur de lion*. — Sedaine et Monsigny. — *Les Deux Soupers*, de Dalayrac.

Abandonnons un instant la modeste salle de la Comédie-Italienne, et voyons quel est le sujet de la guerre violente allumée à l'Opéra, ce temple de *l'harmonie.*

Depuis quelques années, les majestueuses conceptions de Gluck électrisaient le public, peu habitué à des accents aussi profonds et aussi énergiques. *Iphigénie en Aulide, Orphée, Alceste* aveuglaient de leurs splendeurs les vieux routiniers de l'ancienne musique française. Cela ne pouvait durer longtemps ainsi, selon eux. Le besoin se faisait sentir d'opposer *ceci* à *cela*, d'inventer ou de trouver quelque chose qui pût rabaisser ce géant de la musique : il fallait à tout prix rencontrer ou créer un prétexte pour ternir l'éclat de cette gloire.

Cette cabale fut admirablement servie par la jalousie de Mme Dubarry envers la Dauphine Marie-Antoinette, protectrice déclarée de Gluck. L'esprit d'opposition de cette favorite lui suggéra l'idée d'engager Piccini à Paris. Ce compositeur napolitain avait déjà immensément produit et avait acquis une juste célébrité au delà des monts.

Pour donner à la lutte un intérêt plus vif, on proposa à l'un et à l'autre compositeur le même poëme à traiter, et cela à l'insu l'un de l'autre. Cela ne rappelle-t-il pas le duel dramatique de Corneille et de Racine dans *Bérénice?* Oui, mais ici il y avait au moins égalité de forces, en ce que chacun des deux champions possédait la plénitude de ses moyens.

L'*Armide* de Gluck et le *Roland* de Piccini se succédèrent de près.

Les pamphlets, les injures, les épigrammes, les bons ou plutôt les mauvais mots jaillirent de tous côtés; des rimeurs comme Marmontel, des pédagogues comme Laharpe, parlaient musique avec une prétention ridicule.

Cependant l'abondance mélodique de l'italien faillit emporter la balance en sa faveur, et entraîna les représentations d'ouvrages de Sacchini, Paisiello, Anfossi, et autres compositeurs de la Péninsule. Il est juste de ne considérer la valeur de ce succès que d'après l'esprit systématique qui régnait alors ; aujourd'hui le puissant et harmonieux chantre d'Armide domine de sa hauteur le peintre de Roland.

La joute continua par deux *Iphigénies en Tauride*. Le maestro fut vaincu ; le génie de Gluck avait terrassé toute cette tourbe « d'*obscurs blasphémateurs*. »

Une musique nouvelle était définitivement implantée chez nous. On se sentait ému, transporté, enthousiasmé à l'audition de ces mélopées idéales, de ces chants pleins d'âme et de feu, de cette harmonie colorée, brûlante comme la lave ou suave comme un paysage d'Arcadie.

Avons-nous besoin de dire que l'influence de cette révolution à l'Opéra devait nécessairement se faire sentir dans le genre tempéré de l'opéra-comique, et cela dans un avenir prochain ? Non, évidemment. — Mais quel devait être un jour ce nouveau réformateur ?

Veuillez, s'il vous plaît, nous suivre dans la salle de l'Opéra, au Palais-Royal, le 17 mai 1779. On répète, pour la dernière fois, *Iphigénie en Tauride* de Gluck. Un jeune homme, un enfant presque, s'est réfugié dans les dernières galeries ; et là, inondé du bonheur de pouvoir assister à la première représentation, qui doit avoir lieu le lendemain, il se blottit sous une banquette. Sa bourse tarie lui impose un jeûne de vingt-quatre heures, mais qu'est-ce que cela quand on possède le démon de la musique, et qu'on a en perspective la jouissance de l'audition d'un chef-d'œuvre?— Mais le stratagème du jeune enthousiaste est découvert, son aventure est ébruitée, chacun s'empresse autour de lui, on le présente à Gluck, il obtient une entrée de faveur, et qui plus est, il devient l'élève du grand maître.— Ce jeune homme, c'était Méhul.

Une autre personnalité remarquable commence à se dessiner.

Versailles est encore dans sa splendeur monarchique; les fêtes succèdent aux fêtes; on joue la comédie chez M. le baron de Bezenval, le chevalier de Saint-Georges, le célèbre mulâtre, enchante sur le violon les invités de M. Savalette de Lange, garde du trésor royal. Un jeune homme d'un aspect distingué, aimable, enjoué, la figure légèrement couturée par la petite vérole, nouvellement incorporé dans la compagnie de Crussol, des gardes du comte d'Artois, se faisait remarquer et par son esprit et par une habileté peu commune comme violoniste. Il était particulièrement invité chez les hauts personnages que nous venons de nommer.

Il eut le bonheur de se lier, dans l'un des concerts de M. Savalette, avec un musicien de talent,

Langlé, qui lui enseigna les premiers principes de la composition. Bientôt le jeune officier fut l'objet de l'admiration de tous ces dilettantes poudrés ; ses essais furent prônés de tous côtés. Il fit la musique pour la réception de Voltaire dans une loge maçonique, en 1778 ; il en fit encore une nouvelle pour fêter Franklin chez Mme Helvétius.

M. de Bezenval le pria également de composer la musique de deux petites comédies de salon, dont les rôles étaient confiés à l'aristocratie. *Le Chevalier à la mode* et *le Petit Souper* déterminèrent la vocation du garde du corps : il ne tarda pas à associer son talent avec l'un de ses amis ; il écrivit dès lors pour la Comédie-Italienne, détruisit l'orthographe nobiliaire de son nom par la suppression d'une apostrophe et signa ses œuvres : николаs dalayrac.

C'est à dessein que nous appelons l'attention de nos lecteurs sur ces deux noms : Méhul, Dalayrac.

Dans la révolution qui se prépare, l'un et l'autre de ces compositeurs représentent le courant de l'époque. Chacun reproduit, à un degré différent, l'esprit du public.

A mesure que l'horizon politique se rembrunit, les œuvres théâtrales affectent plus ou moins un aspect mélodramatique et déclamatoire. Une sensibilité de convention couvre de son faux vernis presque tous les ouvrages ; la gaieté a perdu son rire franc et joyeux ; elle abandonne la comédie qui grimace dans ses moments de belle humeur ; quant au ton tragique, il n'est que boursouflé et emphatique. La tragédie est ailleurs : elle est au Jeu de Paume, à la Bastille, aux Tuileries le 10 août, à la Convention, à Quiberon et à Nantes, sur le pont du *Vengeur* et sur les bords du Rhin, partout, à l'échafaud et aux frontières envahies.

Comédie sanglante, tragédie inévitable, drame de géants, quels accents pouvaient égaler les vôtres, si ce n'est, seul, l'hymne brûlant de Rouget de Lisle ?

Nourri du style de Gluck, de cette moelle de lion, Méhul caractérise le mieux le côté sombre, rigide, austère, de la première période révolutionnaire. Il est énergique quelquefois comme une motion jacobine, lourd et diffus comme un panégyrique à la déesse Raison, sévère toujours. Il y a de l'incorruptibilité d'un Caton dans sa manière. Son style mâle et fier n'enflamme pas : *le Chant du Départ* est de la cendre chaude à côté de *la Marseillaise*. Souvent son inspiration se confie au rhéteur, mais, en somme, elle est pleine d'effets hardis et nouveaux.

Dalayrac, lui, côtoie tous les genres, sans en créer aucun ; dans un espace de trente-trois ans, il a produit cinquante-quatre opéras, qui, tous, ont brillé avec un égal succès ou peu s'en faut. Sa mélodie facile, claire, abondante, était le charme et la joie des muscadins du Directoire. Quand la vogue s'attachait aux conceptions magistrales de Méhul, avec un tact remarquable, Dalayrac suivait ce mouvement en conservant, néanmoins, son genre mélodique. Dalayrac, personnifie l'élégant de la Révolution; il en a la désinvolture affectée et l'esprit superficiel. Il a constamment été un compositeur à *la vogue,* l'homme du jour, voilà pourquoi son œuvre s'est fanée. Avec plus d'abondance que Monsigny, plus de savoir que Grétry, plus de mélodie que Méhul, Dalayrac est resté au-dessous d'eux, et cependant sa part est grande dans notre œuvre française.

Il possédait le sentiment des situations à un degré remarquable, il a charmé et ravi nos pères; ses chants simples et naturels ont été les triomphes des Martin et des Elleviou, aussi l'ex-officier du comte d'Artois occupe-t-il encore une place honorable dans l'histoire de notre opéra-comique.

Nous n'avons pas besoin d'ajouter que le sillon tracé par Méhul fut suivi par des émules dont la grandeur de style a fait école. Chérubini, Lesueur, Kreutzer, Vogel et Catel complètent cette magistrale transformation de l'opéra-comique. Leurs œuvres, avec celles de Méhul, dominent la scène. Grétry lui-même essayera de voguer dans ces eaux qui lui sont inconnues; pauvre Grétry, comme ses beaux jours sont loin! A la suite de Dalayrac, et dans un ordre inférieur, on compte parmi les compositeurs les plus goûtés : Jadin, Devienne, Solié, Gaveaux, Plantade, Bruni.

Il semble que la secousse terrible qui a ébranlé la société favorise l'apparition de nouveaux talents; de ce formidable remous social il surgit à chaque instant une figure nouvelle.

Les noms se pressent, les œuvres s'accumulent, le cadre de l'opéra-comique s'agrandit; expressif et dramatique avec Berton, notre genre national trouve une gaieté communicative et un rire de bon aloi sous la plume de Nicolo; harmonieux, coloré, puissant avec Boieldieu, il donne, dans un espace de trente ans, à partir de 1790, la plus belle moisson de chefs-d'œuvre.

Jamais l'école française ne brilla d'un plus vif éclat.

Avant d'aborder cette nouvelle période, saluons les productions qui terminent l'époque antérieure à la Révolution. Grétry nous donnera son dernier mot (nous entendons par là son ouvrage le plus complet); Dalayrac, Berton et Méhul leur premier. Le génie de Grétry atteint sa maturité dans *l'Amant jaloux, l'Épreuve villageoise,* et surtout *Richard Cœur de lion.*

La première de ces œuvres porte la date de 1778 ; c'est une comédie intime d'un genre délicieux. La scène se passe en Espagne ; un quiproquo de noms est le nœud de l'action. Le caractère des amoureux, dont l'un est un Castillan très-irritable et l'autre un Français galant et railleur, sont des modèles de vérité dramatique. Cette œuvre est, en somme, un tableau charmant, qui devrait toujours faire partie du répertoire. Qui ne connaît la ravissante sérénade, accompagnée dans la coulisse par le *pizzicato* de deux violons, d'une basse et par une mandoline ?

La naissance du Dauphin, en 1780, fut brillamment fêtée à la Comédie-Italienne, on joua une petite pièce nouvelle de Désaugiers, *les Deux Sylphes,* et l'acteur Féline chanta le couplet suivant, que l'on ne peut lire sans émotion en songeant au sort que l'avenir réserva à ce nouveau-né bercé au milieu des acclamations :

> Je suis Fée et viens vous conter
> Une grande nouvelle :
> Un fils de roi vient d'enchanter
> Tout un peuple fidèle.
> Ce Dauphin que l'on va fêter
> Au trône doit prétendre :

4.

> Qu'il soit tardif pour y monter,
> Tardif pour en descendre!

Quelque temps après, c'est Dalayrac qui débute par *l'Amant statue* et *l'Éclipse totale*. Ces premiers essais eurent un succès qu'il nous est difficile d'expliquer. La mélodie est, il est vrai, d'un jet facile et abondant, mais elle pèche du côté de la distinction. Cette musique ignore l'art suprême de créer des caractères, ce don que possédait notre Grétry ; l'harmonie, quoique chargée, est pauvre et peu intéressante. Tous ces défauts sont cependant rachetés par une entente dramatique qui a fait la fortune de tous les opéras de Dalayrac.

La délicieuse paysannerie *l'Épreuve villageoise*, de Grétry, eut une vogue qui s'est prolongée jusqu'à nos jours. Tous les morceaux sont de vrais bijoux d'inspiration et de fraîcheur. Cette scène rustique, un peu apprêtée peut-être, moins agreste que *Rose et Colas*, de Monsigny, est cependant digne du succès qu'elle a obtenu. C'est de la musique fine, malicieuse, goguenarde même. Partout l'on chanta les couplets : » *Bon Dieu! comme à c'te fête;* » la simplicité de la mélodie et l'*esprit* du style en ont fait le charme! Chose bizarre! *l'Épreuve villageoise* n'est que l'opéra-comique *Théodore et Paulin* remanié. La première version tomba tout à plat ; on la réduisit à deux actes, quelques morceaux d'ensemble furent supprimés, et sous son nom actuel elle fut acclamée dès lors.

Maintenant, devons-nous vous entretenir longuement de ce chef-d'œuvre du maître, de ce touchant fabliau que Sedaine a offert à Grétry, et que celui-ci a immortalisé sous le nom de *Richard Cœur de lion?* L'enthousiasme de nos pères a salué son apparition, et nos petits-neveux applaudiront encore ces mélodies pénétrantes qui transportent doucement l'imagination dans ces temps éloignés où le dévouement était un culte. Quels transports, quels ravissements, lorsque Blondel invoqua pour la première fois un tendre souvenir dans ce chant simple et sublime à la fois : « *Une fièvre brûlante!* » Peu nous importe que ce chant soit en quelque sorte la cheville ouvrière du drame ; peu nous importe qu'il apparaisse jusqu'à neuf fois, traité sous les aspects les plus multiples ; à quoi bon scalper ce qui charme et ce qui pénètre? analyse-t-on l'émotion? Est-ce l'harmonie simple et colorée ou le rhythme qui enchante? Nous n'en savons rien, nous ne voulons pas le savoir. L'inspiration, cette fille du ciel, a touché l'âme de Grétry ; son style est à la fois nerveux, gracieux et touchant ; *Richard* est le *summum* de sa manière. Quel entrain et quelle vérité dans les rondes villageoises et les couplets de Laurette! Ne pourrait-on pas appeler ce chef-d'œuvre une réminiscence poétisée et vue à travers le prisme du génie, des ballades et des chants si doux de nos anciens troubadours ?

Nous qui croyons avoir inventé le *romantisme*, nous serions bien étonnés d'apprendre que, dès l'an 1784, cette qualification de *romantique* fut donnée à *Richard*, et qu'elle ne fut nullement prise en mauvaise part, bien au contraire. C'est à ce bon et modeste Monsigny que l'art est redevable, pour ainsi dire, du chef-d'œuvre de Grétry. Voici comment : Sedaine, l'ami et le collaborateur de Monsigny, voulut lui confier son nouveau poëme ; le musicien allait céder à la tentation de traiter ce sujet, quand les Esculapes de l'époque lui interdirent tout travail, sous peine de perdre sa vue, qui s'affaiblissait de jour en jour. « À qui dois-je porter ma pièce? demanda Sedaine au compositeur désolé ; vous seul, mon ami, êtes l'homme qu'il aurait fallu pour la rendre digne de la postérité. — Consolez-vous, il y a quelqu'un qui réussira mieux que moi. — Grétry, Dalayrac, peut-être? — Grétry ; la veine est plus riche. »

Ce conseil, qui nous a valu la belle partition de *Richard*, est d'autant plus louable, que le caractère des deux compositeurs était loin d'être sympathique l'un à l'autre, la roideur et l'amour-propre de Grétry se trouvant tout l'opposé de la bienveillance et de la modestie de Monsigny.

Dalayrac commence à se faire connaître; il donne à Fontainebleau son opéra-comique *les Deux Soupers*. La pièce est faible, le style négligé; et quoique protégé en haut lieu, l'auteur entend dire « qu'il n'y a pas un seul plat de passable dans ces deux soupers. »

V

Le salle Favart. — La chanson de Piis. — *Nina ou la Folle par amour.* — Adieux et souvenirs! — Le mélodrame à l'Opéra-Comique. — 1790. — *Raoul Barbe-Bleue.* — *Les Rigueurs du cloître.* — Berton. — Méhul. — *Euphrosine et Coradin.* — Méhul jugé par Grétry.

Depuis longtemps le besoin se faisait sentir de consacrer une plus vaste salle aux comédiens de la rue Mauconseil; l'importance, chaque jour croissante, de l'opéra-comique en rendait la nécessité tout à fait impérieuse. L'un des plus féconds producteurs de vaudevilles, de Piis, résuma en quatrains les espérances que faisait naître l'annonce d'une nouvelle salle; on pourra s'imaginer par cette légère satire à quel *confort,* à quelles douceurs nos pères étaient réduits lorsqu'ils se rendaient au spectacle.

. . . .
D'abord chaque loge en sera
 Si drôlement vernie,
Que toute femme y paraîtra
 A trente ans rajeunie :
Ah! comme nous verrons tout cela,
 Si Dieu nous prête vie!

Au balcon l'on affichera
Décence et modestie,
Et surtout on n'y siégera
Qu'en grand' cérémonie :
Ah! etc.

. . . .
Du parterre où l'on s'assoiera
En bonne compagnie,
Jamais sifflet ne partira
Pour troubler l'harmonie :
Ah! etc.

. . . .
Chaque danseuse y brillera
Sans jupe raccourcie,
Et sans faux pas le soir ira
Dans sa chambre garnie :
Ah! etc.

Quand le foyer s'échauffera
Sur la pièce applaudie,
Les pompiers seront toujours là,
De crainte d'incendie :
Ah! etc.

Enfin, quand on défilera,
S'il survient de la pluie,
Mon pauvre fiacre avancera
Tout près de la sortie :
Ah! comme nous verrons tout cela,
Si Dieu nous prête vie!

Une partie des jardins de l'hôtel Choiseul fut

affectée au nouvel emplacement du théâtre. La Comédie-Italienne, définitivement érigée entre les rues Favart et Marivaux, en deçà du boulevard, fut inaugurée le 23 avril 1783. C'est là que résonnèrent pour la première fois les accents de Blondel, les plaintes de Nina, la pauvre insensée, et les fureurs jalouses de Coradin.

Nous allons consacrer quelques lignes d'analyse à *Nina ou la Folle par amour*, de Dalayrac, représentée en mai 1786. Après avoir parcouru tout le répertoire de ce fécond et trop facile compositeur, nous avons pensé qu'il ne serait d'aucun intérêt pour le lecteur de lui donner l'aspect ou l'aperçu de chacune de ses productions. L'auteur de *Nina* avait la veine trop légère et trop coulante, le style trop négligé et parfois trop banal, pour laisser des traces bien profondes; presque toutes ses œuvres décèlent la précipitation avec laquelle elles ont été composées. Dalayrac écrivait jusqu'à quatre opéras par an. A un certain point de vue, cette prodigieuse fécondité fut nécessaire, quand on songe que Dalayrac traversa entière une époque terrible et gigantesque, où les événements usaient d'un jour à l'autre les hommes et les choses. La merveilleuse souplesse de son talent lui a toujours permis de se plier au ton qui dominait.

Par le pathétique, l'émotion et la sensibilité,

Nina renouvela le succès du *Déserteur*. Dalayrac y a versé ses plus exquises mélodies : tout y est frais, ému et touchant. Quoique le faire soit moins habile que dans les œuvres qui suivirent, celle-ci est encore sa meilleure page. L'idée de présenter une folle sur la scène parut d'abord tellement osée, que les auteurs en essayèrent l'effet sur le théâtre de société de la Guimard. Le résultat ne fut que le prélude du succès éclatant qu'obtint peu après cet ouvrage à la Comédie-Italienne.

Un enthousiasme indescriptible accueillit *Nina*; la mode s'empara du nom de la pauvre folle : il y eut des coiffures à la Nina, des manteaux à la Nina, etc., etc. Ce fut un délire, une frénésie.

Aussi, c'était une chose délicate et neuve que cette charmante berceuse, dite en chœur par les paysans à Nina endormie : « *Dors, mon enfant!* » Ce chœur en *mi bémol*, chanté à mi-voix, se termine syllabiquement dans un *smorzando* admirablement gradué. L'air du père est expressif et peint bien ses amers regrets, lorsqu'il songe que c'est à cause de sa déplorable opposition dans l'amour de son enfant qu'il l'a réduite ainsi. Mais la voici, sous les traits de Mme Dugazon, les cheveux en désordre, un bouquet à la main; là, près d'une grille, sur un banc de verdure, tous les jours elle attend « le bien-aimé. » Elle s'avance, l'air hagard, les yeux fixes; un souvenir doux et pénible semble la préoccuper; de pitié, chacun s'écarte. Le père, navré, se dérobe aux regards de sa fille. Mais elle parle; un chant triste et ému s'échappe de ses lèvres pâles; l'entendez-vous? une vague espérance flotte dans son esprit troublé. « *Quand le bien-aimé reviendra,* » dit-elle, et cette suave mélodie fait couler de douces larmes. Dans la scène suivante, Nina, entourée d'un groupe de jeunes filles, prononce quelques mots délirants, auxquels le compositeur a su donner un aspect saisissant par la manière dont il a préparé et résolu une modulation. Cette modulation, quoique très-simple, produit néanmoins beaucoup d'effet : une phrase en *sol majeur* se transforme en *ré majeur* sur la même basse par l'accord de quarte et sixte devenu accord parfait, lequel est immédiatement suivi du ton de *si bémol*. Bientôt l'on entend le hautbois soupirer une musette agreste et mélancolique; ce motif avait déjà fait son apparition dans l'ouverture. Cette mélodie semble calmer l'agitation de la pauvre insensée. Puis survient « le bien-aimé : » la scène où, près de Nina, il effeuille tous leurs souvenirs d'amour, où celle-ci enfin recouvre insensiblement la raison et revient au bonheur par cette mystérieuse influence de quelques mots, de quelques regards qui dissipent souvent les voiles les plus épais.

Dans *les Méprises par ressemblance*, qui datent de la même année, nous retrouvons, — pour la dernière fois, — la veine comique de Grétry; déjà un autre courant se prépare et va entraîner irrésistiblement tous les esprits.

Adieu Rose, Laurette, Zémire, Isabelle, Pierrot, Lucas, Félix, Blondel, vous tous, types charmants de grâce, de naïveté et d'enjouement ; adieu l'émotion douce et pénétrante, adieu la saillie spirituelle. Avant de vous abandonner, ô vous! enfants de la jeune Muse de la Comédie-Italienne, vous, le sourire et la tendresse, vous qui étiez l'esprit de Favart et le cœur de Monsigny, ô vous! fraîcheurs disparues, vous qui versiez la joie à nos aïeux et éclairiez de votre regard limpide ce matin de notre histoire lyrique, laissez-nous nous souvenir de vos interprètes, de cette gerbe mélodieuse et bien-aimée, dont chaque nom a été peut-être murmuré par les mères de nos mères. — Là, parmi ce groupe, ne voyons-nous pas Clairval, le fameux Clairval, le *roi* de l'opéra-comique, avec Michu, Solié, Dorsonville et Philippe? ne sont-ce pas les *premiers rôles*, ou, comme vous disiez alors, les *tailles ?* — A côté de ceux-ci, nous reconnaissons l'illustre Trial, Laruette, Favart et Thomassin, vos grimes désopilants, vos *tailles comiques;* puis ces chantres dépaysés, ignorant l'hébreu et la valeur des notes, mais excellents acteurs, pleins de zèle, ne sont-ce pas les *tailles basses*, Chenard, Narbonne, Dufrenoy, Minier ? Plus loin n'apercevons-nous pas un minois lutin qui a nom Mlle Dugazon ? Près d'elle, n'est-ce pas la jolie Mlle Desbrosses qui ajuste une bouffette à son corsage rose, en donnant la réplique à Mme Desforges, une *mère noble* dont l'emploi vient d'échoir à Mme Gonthier ? — Que nous sommes loin de la foire Saint-Laurent ! l'orchestre n'est plus reconnaissable, il est triplé ! voyez plutôt : — Seize violons, trois flûtes, un hautbois, deux cors, six violoncelles, deux altos, deux bassons et deux contre-basses. — Maintenant la route est tracée, l'élan est donné, de nouvelles destinées vous attendent, Muses des refrains populaires !

Une génération nouvelle surgit ; de toutes parts, une effervescence indescriptible annonce une révolution prochaine. L'opéra-comique lui-même ira livrer sa scène aimable et souriante à une poétique et à une harmonie qui essayeront de reproduire la tendance générale des esprits ; après les aspirations les plus généreuses il empruntera bientôt les couleurs les plus sombres ; de gros et mauvais mélodrames s'empareront du domaine de l'opéra-comique.

Si cette déviation de notre genre national troubla pendant quelque temps son caractère primitif, elle produisit cependant des résultats féconds. Le langage musical acquit des richesses, conquit une variété et une profondeur d'accents qui ouvrirent à l'opéra-comique ces horizons nouveaux, auxquels nos maîtres contemporains doivent leurs plus beaux succès.

Dalayrac délaye successivement son inspiration dans *Azémia,* sujet indien à la façon d'*Alzire,* où l'on trouve un beau chœur de matelots ; *Renaud d'Ast,* dans lequel on remarque quelques mélodies assez bien trouvées. L'auteur y a ingénieusement intercalé la vieille chanson populaire : « *Il pleut, bergère* » dans la scène où le « gentil » Renaud, transi de froid, implore l'hospitalité. Il y a un faire très-agréable dans différentes situations, notamment quand le paysan Alain sert de mannequin pour l'exécution du portrait, puis quand le vieux Lisimon découvre l'intrusion imprévue de son rival Renaud d'Ast. Le grand air de Céphise : « *Viens à ma voix, douce espérance,* » est semé de roulades écrites dans l'ancien style italien. Nous ferons remarquer que l'andante à six-huit en forme de sérénade chanté par Renaud : « *Vous qui d'amoureuse aventure,* » devint plus tard, avec de nouvelles paroles, bien entendu, un air national, un refrain de la période impériale. Ce motif, assez terne et assez vulgaire, s'appela : *Veillons au salut de l'empire.*

Sargines et *Raoul de Créqui* sont des poëmes chevaleresques, avec une mixture de sentences patriotiques et de sensibilité domestique; rien de brillant, c'est toujours du Dalayrac.

Que dire de ce conte de Croquemitaine, de ce méchant coupe-têtes, ce mari lugubre que les enfants appellent Barbe-Bleue? Que dire de cette pièce bouffie d'invraisemblances et barbouillée de noir de mélodrame, dans laquelle on voit un amoureux (Vergy) céder, on ne sait pourquoi, sa future à son rival odieux, et venir s'établir le lendemain des noces chez ce dernier sous un déguisement? Sa *charmante Isaure* jure de lui rester fidèle quand même, mais Raoul Barbe-Bleue l'attendrit par l'offre de bijoux précieux. Le terrible croquant à moustaches indigo règne sur l'âme de la *charmante Isaure*. Cependant on ne s'appelle pas impunément Raoul Barbe-Bleue, et le féroce époux le fait bien voir : il s'apprête à trancher le cou de la *charmante Isaure*, pour la punir de certaine curiosité, quand (ô ma sœur Anne!) surviennent ses frères, qui la sauvent. On se bat, on se tue; Barbe-Bleue est haché menu menu, et la *charmante Isaure* reaime le tendre Vergy. Voilà!

Cette aberration est signée Sedaine et Grétry, les auteurs de *Richard Cœur de lion!*

Passons sur le *Pierre le Grand* de Grétry, cela vaut mieux incontestablement; mais le courant qui emporte le maître illustre l'entraîne dans les ténèbres; il tâtonne, il tombe. Sa muse familière ne s'accorde pas avec les tendances nouvelles. Kreutzer se révèle par une *Jeanne d'Arc à Orléans;* c'est déjà une musique plus étoffée, ajustée à un souvenir national. Cette pièce cependant, comme *le Chêne patriotique*, de Dalayrac, ouvrage de circonstance, est ensevelie dans les oubliettes de l'art dramatique. Nous sommes en 1790, cette date est éloquente; un jeune homme à l'âme passionnée et ardente, naguère obscur violoniste à l'Opéra, verse toutes ses aspirations juvéniles dans *les Rigueurs du cloître*. Nous avons nommé Berton. Ce compositeur ne fut pas un génie, mais il avait de précieuses qualités; il avait un beau sentiment de l'harmonie et des situations pathétiques. Son style n'a ni l'énergie de Méhul ni la pureté robuste de Chérubini, mais il rachète certaines faiblesses par des mérites indéniables.

Le livret de Fiévée représente le tableau d'une jeune fille vouée au régime monastique par des haines jalouses. Il va sans dire qu'une intrigue amoureuse se noue au milieu du réseau inquisitorial qui entoure Lucile; celle-ci trahit son amour par le trouble que lui cause la lecture *imposée* d'une lettre de son amoureux. Elle est condamnée à la peine du cachot, quand survient celui qu'elle aime ; il annonce sa vengeance et reparaît plus tard avec un bataillon de la garde nationale. L'officier civique déclare que désormais, sous le régime de la liberté et des lois, la contrainte morale est abolie. L'ouvrage se termine par un chœur : « *O Liberté ! déesse de la France, plutôt mourir que de vivre sans toi !* » La partition de Berton se distingue par une vigoureuse entente des ensembles ; l'harmonie est supérieure à celle de Dalayrac. La grande scène où les religieuses assemblées, pleines d'une sainte indignation, découvrent la coupable ; l'arrivée du jeune comte implorant la grâce de Lucile, l'ire croissante des supérieures forment une belle gradation dramatique. L'entrée des religieuses sur ces mots : « *Quel scandale abominable !* » reproduit heureusement, par son rhythme syllabique et saccadé, les caquetages féminins. Le rhythme se poursuit à travers différents méandres harmoniques, mais au-dessus se détache une phrase dite par les jeunes religieuses. Elles soupirent quelques mots dont les tenues planent claires et limpides au-dessus du bruissement bilieux des vieilles. L'arrivée du jeune homme, sa sortie, l'effroi, le tumulte, l'indignation des unes, la compassion des autres, tout cela compose une page digne d'intérêt.

Presque au même moment apparut ce coup de foudre, cette révélation, *Euphrosine et Coradin*, de Méhul. Lassé des vaines promesses de l'Académie royale de musique, ce compositeur tourna ses regards vers une scène plus hospitalière, et fit son début à la salle Favart, le 4 septembre 1790. A partir d'*Euphrosine,* un genre sérieux, tendu, emphatique, absorba le répertoire de l'opéra-comique pendant dix ans environ.

Hoffmann fut le premier collaborateur de Méhul. Son *poëme comique* est d'une adorable boursouflure; on y voit un farouche paladin, ennemi du genre humain, et surtout du sexe féminin, ne craindre qu'une personne au monde, son médecin. (Etait-ce une allusion historique?) L'invincible Coradin sent son cœur faillir (le traître!) à l'aspect de la fière et discoureuse Euphrosine. Tout irait bien, si la jalousie d'une vieille comtesse astucieuse ne faisait tomber le paladin dans un piége. Il se croit trompé par Euphrosine et ordonne incontinent sa mort. Grâce à un breuvage inoffensif, préparé par le médecin, la victime du tyran tombe dans un sommeil léthargique qui laisse le temps à l'imposture de se dévoiler, Sur ce canevas, semé des inévitables rimes *gloire*, *victoire*, *lauriers*, *guerriers,* etc., etc., Méhul a tracé une instrumentation d'une ampleur et d'une richesse étonnantes.

5.

La période musicale est nourrie et d'une largeur inconnue jusqu'alors. Les parties intermédiaires de l'orchestre accusent un travail délicat et varié dans ses aspects ; les rhythmes offrent une souplesse pleine d'intérêt, et par-dessus ces qualités prime un souffle pathétique et une grandeur de lignes qui donnent presque en entier déjà la mesure du génie de Méhul. A part le célèbre duo dont nous donnons plus loin l'appréciation par un contemporain, encore tout échauffé et tout ému par ces accents nouveaux, nous appelons l'attention sur l'air du médecin Alibour : « *Quand le comte se met à table*, » qui est une page du comique le plus distingué. Le grave Méhul n'a pas toujours eu cette bonne fortune d'avoir été inspiré par la Muse malicieuse.

Voici le jugement de Grétry sur *Euphrosine* : « L'orchestre immense de l'Opéra avait déjà étonné les spectateurs par ses déploiements magnifiques, mais on était loin de s'attendre à des effets terribles sortant de l'orchestre de l'Opéra-Comique. Méhul l'a tout à coup triplé par son harmonie vigoureuse et surtout propre à la situation. Il a dû voir qu'il est inutile d'exiger des musiciens de l'orchestre des effets extraordinaires. *Soyons forts de vérité*, l'orchestre fournira toujours au gré de nos désirs. Je ne balance point à le dire : le duo d'*Euphrosine* est peut-être le plus beau morceau d'effet qui existe. Je n'excepte pas même les beaux morceaux de Gluck. Ce duo est dramatique. C'est ainsi que Coradin furieux doit chanter ; c'est ainsi qu'une femme dédaignée et d'un grand caractère doit s'exprimer. La mélodie en premier ressort n'était pas ici de saison. Ce duo vous agite pendant toute sa durée ; l'explosion qui est à la fin semble ouvrir le crâne des spectateurs avec la voûte du théâtre. Dans ce chef-d'œuvre, Méhul est Gluck à trente ans ; je ne dis pas Gluck lorsqu'il avait cet âge, mais Gluck expérimenté et lorsqu'il avait soixante ans, avec la fraîcheur vigoureuse du bel âge. Après avoir bien entendu ce morceau, dont le premier mérite, à mon gré, est d'être vigoureux sans prétention et sans efforts pour l'être, je destinais de bon cœur à mon ami Méhul l'épigramme que Diderot avait jadis placée sous mon portrait :

> Irritat, mulcet, falsis terroribus implet
> Ut magnus...

Il semble effectivement que c'était pour l'auteur du duo d'*Euphrosine* qu'Horace fit ces vers. »

Cette appréciation ne fait-elle pas l'éloge de l'homme qui voyait la faveur du public déserter peu à peu tant d'œuvres charmantes ? Grétry, sacrifiant son amour-propre si irritable, en acclamant la révolution de Méhul, a touché à l'abnégation même.

VI

Une deuxième scène d'opéra-comique. — Le coiffeur impresario. — La salle Feydeau. — Les Italiens remplacés par les Français. — Les théâtres Favart et Feydeau. — Rivalité et pièces analogues. — Une parenthèse. — Lutte dramatique. — Combien dure-t-elle ? — Fusion. — Contre-coup des événements dans le domaine artistique. — Les Constituants. — Séance de l'Assemblée nationale. — La liberté des théâtres. — Le rapporteur Chapelier. — L'abbé Maury, Mirabeau, Robespierre. — Décret de l'Assemblée. — Résultat. — *Panem, circenses !* — Être pessimiste ou optimiste.

Nous avons remarqué par quelle singulière rencontre de circonstances notre genre national s'est développé au contact de la musique italienne, et comme, insensiblement, il est venu absorber le répertoire à l'abri duquel il avait grandi.

Les Italiens tentèrent de nouveau la fortune en France ; soit que le public s'éprit de préférence aux œuvres plus fortement conçues, soit que les événements politiques ne permissent pas aux acteurs péninsulaires de se livrer à l'exécution des pièces de circonstance, toujours est-il avéré que cette tentative eut pour résultat la création d'une seconde scène d'opéra-comique. La musique italienne, depuis longtemps abandonnée en France, s'était considérablement enrichie et transformée sous la plume inspirée des Cimarosa, des Anfossi, des Paisiello, des Guglielmo, etc., etc. ; l'idée fut donc très-heureuse de créer une scène spéciale pour l'exécution de ces ouvrages tant renommés au delà des Alpes.

En 1786, le coiffeur de la reine, Léonard Antier, obtint un privilége pour la direction d'un théâtre italien. Quel que fût son talent d'habile praticien et de courtisanerie obséquieuse, Léonard eut l'excellente pensée de s'adjoindre dans cette direction le célèbre violoniste Viotti et donna à Chérubini l'emploi spécial de la surveillance de la partie musicale. Le comte d'Artois accorda à la nouvelle troupe italienne la salle de spectacle des Tuileries, en attendant que la construction du théâtre Feydeau, dont l'ouverture eut lieu le 26 janvier 1789, fût achevée. Après les événements des 5 et 6 octobre de la même année, les Italiens se transportèrent dans l'affreuse bicoque de la foire Saint-Germain, où ils restèrent jusqu'au 6 janvier 1793, date de l'inauguration de la salle Feydeau par les *Nozze di Dorina*.

Le répertoire se plia à tous les genres ; à part les œuvres italiennes, on joua des opéras-comiques, des comédies de Regnard, Destouches, Marivaux, etc., et des vaudevilles. C'est là que Chérubini fit représenter sa *Lodoïska* presque au même moment où Kreutzer fit représenter son opéra du même nom au théâtre Favart, appelé désormais Opéra-Comique national ; c'est encore là que le célèbre baryton Martin débuta et commença cette carrière qui illustra tant d'œuvres charmantes.

Peu de temps après, en 1792, les acteurs italiens se retirèrent, et dès lors la place resta entièrement libre pour les chanteurs et les comédiens français. Pendant un espace de sept ans, c'est-à-dire jusqu'en l'année 1798, le théâtre Feydeau, rival de l'Opéra-Comique national, soutint vaillamment avec ce dernier une concurrence qui tourna au profit de l'art. La lutte, ou plutôt le duel, se portait même et souvent sur des sujets dramatiques analogues. Sans compter les deux *Lodoïska*, nous pourrions citer deux *Paul et Virginie*, l'une de Kreutzer, à Favart, l'autre de Lesueur, à Feydeau ; deux *Caverne* de ce dernier, au même théâtre, et de Méhul à l'Opéra-Comique, etc. Ces rapprochements donneraient lieu à de curieuses études ; il y aurait peut-être là, au point de vue esthétique de l'art, une mine fertile à exploiter. Un fait remarquable, c'est que la plupart de ces œuvres ou de ces *données*, traitées à plusieurs fois par des auteurs différents, ont presque toutes leur origine dans le genre de l'opéra-comique.

Permettez-nous d'ouvrir une parenthèse, dans

laquelle nous citerons quelques-uns de ces ouvrages homonymes, mais qui, malgré leur étiquette, ne peuvent être regardés comme sosies.

Les Troqueurs. Dauvergne (1752), foire Saint-Laurent; — Hérold (1819).

Nina. Dalayrac (1786), Comédie-Italienne; — Paisiello (1788).

Raoul Barbe-Bleue. Grétry (1789), Comédie-Italienne; — Limnander (1851), Opéra-Comique.

Jeanne d'Arc à Orléans. Kreutzer (1790), théâtre Favart; — Carafa (1821), théâtre Feydeau; — Duprez (1860), salle Turgot.

Puis les *Lodoïska*, les *Paul et Virginie* et les *Caverne*, dont nous avons déjà fait mention.

Camille. Dalayrac (1791), Opéra-Comique Favart; — Paër (1801).

Guillaume Tell. Grétry (1791), théâtre Favart; — Rossini (1829), Académie royale de musique.

Le Médecin malgré lui. Désaugiers (1793), théâtre Feydeau; — Ch. Gounod (1858), Théâtre-Lyrique.

Le Barbier de Séville. Paisiello (1793), théâtre Favart; — Rossini (1824), Odéon.

Léonore ou *Fidelio.* Gaveaux (1788), théâtre Feydeau; — L. Van Beethoven (Vienne, 1805); Paris, 1831, 1852, et au Théâtre-Lyrique en 1860.

Cendrillon ou *la Cenerentola.* Nicolo (1810), théâtre Feydeau; — Rossini (1820).

Marie Stuart. Fétis (1823), théâtre Feydeau;
— Niedermeyer (1844), Académie royale de musique.

Faust. Beaucourt (1827), théâtre des Nouveautés;
— Ch. Gounod (1859), Théâtre-Lyrique.

Masaniello ou *la Muette de Portici*, Carafa (1827), théâtre Feydeau; — Auber (1828), Académie royale de musique.

Pour ne pas déroger au programme que nous nous sommes imposé, nous fermons ici la parenthèse, en laissant à l'intelligence de nos lecteurs le soin d'achever par leurs souvenirs ce que cette nomenclature a d'incomplet. A eux de juger quelles sont les œuvres qui ont effacé leurs devancières, quelles sont celles qui ont surnagé au-dessus de l'oubli.

Après le départ des Italiens, on comptait, dans la troupe du théâtre de la salle Feydeau, Gavaudan, Martin, Juliet, Gaveaux, Mme Scio, qui avait si supérieurement créé le rôle de Médée dans la pièce de ce nom, de Chérubini; Mme Rolando, etc., etc. Cependant jusqu'en 1797, l'Opéra-Comique, salle Favart, semble emporter la balance du côté des succès. A côté d'une multitude de pièces de circonstance que le tourbillon des événements a emportées, Méhul remplissait la scène avec sa *Stratonice*, si fine de lignes et si nourrie d'effets hardis, avec *Phrosine et Mélidor,* où la belle et remarquable Mme Saint-Aubin attirait une foule renaissante. C'est encore au théâtre Favart que la réaction a commencé contre la musique *assombrie*, qui avait régné pendant un espace de dix ans ; c'est à l'Opéra-Comique national que parut *le Prisonnier ou la Ressemblance*, de Della-Maria, une œuvre légère d'inspiration, facile de style, conçue sans efforts, une musique remplie d'aimables et gracieuses négligences, comme on disait alors. Des artistes aimés contribuaient pour une bonne part à ces succès ; on citait Elleviou, Dozainville, Trial, Mmes Dugazon, Gonthier, Saint-Aubin.

Le théâtre Feydeau, qui non-seulement faisait une concurrence avec l'Opéra-Comique, mais encore luttait avec la Comédie-Française, s'attacha peu à peu une partie de la troupe Favart ; en 1798, l'immense succès des *Deux Journées,* de Chérubini, ne tarda pas à lui donner une vogue sans exemple.

Cette rivalité, née sous le régime de la liberté théâtrale, s'éteignit au mois d'avril 1801, à la suite d'affaires embarrassées ; le 16 septembre de la même année, les deux théâtres se fusionnèrent, et la salle Feydeau conserva seule, sous le nom d'Opéra-Comique, ce dépôt lyrique, dont l'obscur et modeste théâtre de la Foire Saint-Laurent fut le berceau.

Avant d'étudier l'aspect des principales œuvres qui illustrèrent notre genre national pendant la période révolutionnaire, c'est-à-dire depuis 1791 jusqu'au commencement de ce siècle, notre devoir nous oblige à jeter un coup d'œil sur certains événements, dont le contre-coup a été inévitable dans les régions artistiques et littéraires.

Nous nous efforcerons de mettre la plus grande réserve en tout ce qui ne regarde pas directement la question musicale, cependant nous demandons l'indulgence du lecteur, si parfois, entraîné irrésistiblement dans la contemplation de cette terrible et héroïque épopée, notre plume élargit pour quelques instants le cercle que nous nous sommes tracé. Précédemment nous avons déjà précisé le caractère qu'affectaient la littérature et la musique pendant les premières années de notre révolution; jamais peut-être depuis lors, l'opéra-comique n'a mieux suivi les fluctuations de l'opinion publique.

On est encore à l'aube de cette rénovation sociale et politique, tous les esprits généreux la demandent et l'acclament avec un enthousiasme qui tient presque du délire. Les rangs, les classes se confondent, les mains se joignent dans une pression fraternelle, la joie et le rayonnement d'une vie nouvelle inondent toutes les âmes.

Le champ de la Fédération n'avait-il pas réuni à

la fois et les vainqueurs de la Bastille et les députés de la fameuse nuit du 4 août? Le symbole de cette aurore n'était-il pas la cocarde verte que Camille Desmoulins arbora au jardin du Palais-Royal? De l'écroulement des principes féodaux et des priviléges, surgissait la liberté.

L'art dramatique, cet art populaire par excellence, devait nécessairement être délivré des entraves et des restrictions qui l'avaient enveloppé, aussi laisserons-nous la parole à ces voix éloquentes et convaincues, à ces patriotes de la Constituante, dont la foi ardente dépassait peut-être les temps.

Inclinons-nous devant ces hommes qui émargeaient ainsi l'avenir; ils ont abordé toutes les questions, ils ont renversé, c'est vrai, mais ils ont édifié aussi. Nous verrons bientôt quelle fut la part qu'ils attribuèrent aux arts libéraux, si, en effet, comme on l'a osé dire, la proscription de l'art était à l'ordre du jour, à l'époque où, aveuglés par une tourmente vertigineuse, ces farouches républicains épouvantèrent la coalition.

Dans sa séance du 13 janvier 1791, l'Assemblée nationale s'occupa de l'abolition des priviléges dramatiques. Voici en quels termes s'exprima Chapelier, rapporteur de la commission : « ... Il faut examiner si la liberté d'établir plusieurs théâtres doit être accordée; si les principes la réclament, si l'intérêt de l'art la sollicite, si le bon ordre n'en peut pas souffrir. L'art de la comédie *doit être libre* comme tous les autres genres d'industrie ; ce talent, longtemps flétri par les préjugés, a enfin pris, au nom de la raison et de la loi, la place que doit occuper dans la société tout art utile ; qu'il soit permis à chacun de l'exercer, et que *seulement une surveillance* de la police municipale empêche les abus qui tiennent non à l'exercice de l'art, mais aux fautes des comédiens... Il faut que les spectacles épurent les mœurs, donnent des leçons de civisme, qu'ils soient une école de patriotisme, de vertu et de tous ces sentiments affectueux qui font la liaison et le charme des familles ; et qui, pour ne composer que des vertus privées, n'en sont pas moins les garants et les précurseurs des vertus publiques. C'est à la concurrence, c'est à la liberté que nous devons cette perfection du théâtre, tandis que nous perdrions à jamais l'espoir de trouver dans nos amusements une grande école nationale, si ce spectacle était un lieu privilégié, et si l'imagination des auteurs était soumise au despotisme d'hommes à priviléges ; car par la force des choses ils sont despotes. »

Après avoir analysé les bienfaits de la liberté dramatique, le rapporteur ajoute que s'il y a surabondance de théâtres, l'ordre naturel des besoins fera inévitablement rentrer cette première effervescence dans le courant légitime. De plus il dit encore que les comédiens de talent et les auteurs se multiplient plus aisément, et que le langage de la vérité n'aura plus à subir la morgue des intrigants de coulisse. Il terminé de la sorte : « Que, pour le bien de l'art et la conservation de nos principes, il n'existe plus de privilége, que chacun jouisse du droit naturel d'élever des théâtres, et de prendre ce moyen légitime d'exercer son industrie... »

A la suite de ce rapport, s'engagea une de ces discussions où la dialectique la plus serrée, l'esprit le plus mordant, la passion la plus brûlante furent les auxiliaires des principes émis par le rapporteur de la commission. Cette séance est trop mémorable pour que nous ne lui consacrions par une attention toute particulière. On pourra juger si un espace de *soixante et dix ans* ne nous replace presque pas à l'actualité, et si le souci de l'ART prenait quelque place au milieu des orageuses délibérations de ces tribuns, à l'approche des premiers grondements de la Terreur.

L'abbé Maury joua l'esprit, il essaya un peu de sarcasme, et avoua dans un langage à demi ironique que, sous le règne du *barbare* Louis XIV, la surveillance des mœurs dans les théâtres était plus vigilante. « Il importe, disait-il, de prévenir les écarts de l'imagination ; » mais, en somme, il ne décide rien, parce que le caractère dont il est revêtu l'empêche de prendre part à la délibération. Cette déclaration valut à l'honorable député la riposte suivante du fougueux athlète de la tribune, de Mirabeau, qui s'exprima en ces termes : « Il m'a été difficile de deviner si le préopinant était monté à la tribune pour son plaisir ou pour le nôtre. Il nous a très-bien dit, et avec beaucoup d'esprit, que, comme ecclésiastique, il ne pouvait pas monter à la tribune, et l'on pouvait lui répondre qu'en effet on n'y était jamais comme ecclésiastique... Je ne cherche point à répondre à aucune objection de M. l'abbé Maury ; car sans doute il n'a pas eu la prétention d'en faire.

« Je lui témoignerai seulement ma reconnaissance pour l'avis sage qu'il a bien voulu nous donner, afin de prévenir les écarts de l'imagination des auteurs ; nous le supplions d'être aussi tranquille sur les Mélitus que nous le sommes sur les Socrates.

« Quant à la seule chose qui aurait pu paraître une objection, celle de la licence qui pourrait résulter de permettre à tout citoyen d'élever un théâtre, il serait fort aisé d'enchaîner toute espèce de liberté, en exagérant toute espèce de danger ;

car il n'est point d'acte d'où la licence ne puisse résulter. La force publique est destinée à la réprimer, et non à la prévenir aux dépens de la liberté.

« Quand nous nous occuperons de l'instruction publique, dont le théâtre doit faire partie ; quand nous nous occuperons d'une loi, non sur la liberté de la presse, mais sur les délits de la liberté de la presse, car c'est ainsi qu'il faut s'expliquer pour être conséquent aux principes ; alors on verra que les pièces de théâtre peuvent être transformées en une morale très-active et très-rigoureuse. Quoi qu'il en soit, où il n'y a pas d'objection, il ne faut de réponse. Je demande qu'on aille aux voix sur le projet du comité. »

A la suite de ce discours, un autre membre prit la parole et réclamait une modification à l'un des articles du projet de loi ; ce membre était Robespierre : « Ce n'est pas assez, disait-il, que beaucoup de citoyens puissent élever des théâtres, il ne faut pas qu'ils soient soumis à une inspection arbitraire. L'opinion publique est seule juge de ce qui est conforme au bien. Je ne veux donc pas que, par une disposition vague, on donne à un officier municipal le droit d'adopter ou de rejeter tout ce qui pourrait lui plaire ou lui déplaire. »

L'assemblée n'adopta point le radicalisme de Robespierre et promulgua la loi relative aux spectacles, le 19 janvier suivant. En voici les principaux articles :

Article Ier. Tout citoyen pourra élever un théâtre public et y représenter des pièces de tous genres, en faisant préalablement sa déclaration à la municipalité.

Art. II. Les ouvrages des auteurs morts depuis cinq ans et plus sont la propriété publique et peuvent être représentés sur tous les théâtres indistinctement.

Art. III. Les ouvrages des auteurs vivants ne pourront être représentés sur aucun théâtre public, dans toute l'étendue de la France, sans le consentement formel et par écrit des auteurs, sous peine de confiscation du produit total des représentations au profit des auteurs.

Art. V. Les héritiers ou cessionnaires des auteurs seront propriétaires de leurs ouvrages durant l'espace de cinq ans après la mort de l'auteur.

Art. VI. Les entrepreneurs seront sous l'inspection des municipalités.

Aussi, à partir de cette décision du législateur, avec quel élan de toutes parts surgirent de nouveaux théâtres et de nouveaux auteurs.

Les deux entreprises Favart et Feydeau commencèrent leur rivalité presque au même moment où la liberté dramatique venait d'être proclamée.

Tandis que le canon tonne aux frontières, que les partis s'entre-déchirent à l'intérieur, que le *maximum* est en vigueur, que le marquis de Bouillé prépare Brunswick, que la Terreur suspend son couperet sur les têtes ; tandis que, pendant plusieurs années, on assistera à un bouillonnement de passions, de haines, d'enthousiasmes et de vengeances inouïes, chose étrange et sujette à de curieuses méditations, on verra, dans les crises suprêmes, quand le sang coule et quand la disette règne, deux foules s'allonger en *queue*, l'une le matin, l'autre le soir. Ces deux foules, avides, insatiables, rugissantes quelquefois, fiévreuses toujours, attendent et la distribution du pain et l'entrée du spectacle !

Suivant l'érudit M. Castil-Blaze, *soixante-trois* théâtres attiraient le public dans la seule commune de Paris, et cela pendant ce

Sombre quatre-vingt-treize, épouvantable année,
. . . . de lauriers et de sang couronnée.

Néron avait donc raison : *Panem, circenses !* Ce mot n'a donc pas vieilli en traversant les siècles ? Nous laissons à d'autres le soin de conjecturer là-dessus ; quant à nous, nous préférons avoir la consolante pensée que le théâtre moderne a toujours été un foyer qui, tout en reflétant l'esprit public, surélevait en même temps le niveau de ce même esprit. A l'émotion bestiale du Cirque a succédé la jouissance intellectuelle ; on nous appellera optimiste, exalté, enthousiaste : tant mieux, cela est préférable que de tourner le dos à l'avenir et de se croire entouré de Romains de la décadence.

VII

Camille. — Les deux *Lodoïska*. — Le goût sempiternel du public. — Progrès de la musique. — Molière et l'Opéra-Comique. — Toujours ce bon public. — Réaction et progrès. — *Stratonice.* — Les *Visitandines*. — Les pièces civiques. — Gâchis musical. — Les hymnes. — Aspect du public au spectacle. — La Convention et quelques décrets. — Contradictions. — Un délateur.

Or, en cette même et mémorable année 1791, parut *Camille*, de Dalayrac, au théâtre Favart. L'auteur de *Nina* s'est assoupli aux contours sévères tracés un an auparavant par Méhul. C'est peut-être l'œuvre la plus fortement conçue de Dalayrac ; son style s'y est fortement élargi. Un morceau a particulièrement conservé une juste célébrité ; c'est le *trio de la cloche*. — Marcelin, un paysan, instruit deux voyageurs, deux étrangers, Fabien et Lorédan, de la vie bizarre pratiquée dans un certain castel. Il les initie au langage pittoresque du maître de céans : un personnage qui sonne et carillonne d'une façon particulière à chacune de ses actions, chacun de ses ordres, chacune de ses réponses. Le dessin mélodique est très-heureusement approprié au langage des interlocuteurs ; il règne un véritable souffle dramatique dans ce trio, qui, s'il n'est pas d'une facture ultrasavante, n'en est pas moins un vrai modèle d'élégance, de comique et de pureté.

Remarquons, en passant, que Dalayrac possédait un don supérieur pour l'ordonnance et la contexture des duos et des trios, plutôt encore pour les premiers. Avec un peu plus de distinction dans les motifs, plus de richesse dans l'harmonie, d'originalité dans l'instrumentation, les duos de Dalayrac auraient réalisé le type accompli de ce genre de morceau, dans le cadre de l'opéra-comique.

Cette incontestable qualité eut la bonne fortune d'être mise au service de Martin et d'Elleviou, ces deux vaillants partenaires dont le talent rehaussait d'un si vif éclat notre œuvre française au commencement de ce siècle. Avant d'abandonner *Camille*, nous appelons l'attention de nos lecteurs sur un morceau dont le style est un vrai calque de Grétry, c'est la scène où Fabien, plein de folles terreurs, simule en frissonnant un courage dont il déplore l'absence ; mais que cela est encore loin de l'original ! comme l'incorrection même de Grétry a plus de charme que le faire *propret* de Dalayrac !

Signalons dans cette même année les deux *Lodoïska*. Celle de Chérubini n'eut qu'un faible succès. Elle est pourtant d'une belle ordonnance et vigoureusement écrite, mais le style en est plutôt instrumental que vocal. Le duo entre le *tyran*

Dourlinski et la *malheureuse* Lodoïska est tout simplement le remplissage harmonique d'un dessin pris à l'unisson par les instruments à cordes ; dessin hardi et d'un beau jet, dont la persistance, dans les basses surtout, imprime à ce morceau une allure pleine de fierté.

Chérubini est déjà tout entier dans certaines pages de cette partition ; ce style châtié, ce partage égal, comme intérêt, entre chaque partie de l'orchestre, cette pureté suprême de la phrase, cette exquise pondération, si l'on peut s'exprimer ainsi, entre la mélodie et l'accompagnement, qui ont placé ce maître si haut ; toutes ces qualités foisonnent dans sa *Lodoïska*. Quant à celle de Kreutzer, son succès est dû en partie à son introduction avec chœurs, à l'air de Lodoïska dans la tour : « *La douce clarté de l'aurore,* » à celui du jeune amoureux : « *Lodoïska, ma tendre amie,* » et en général à un style mélodique plus accentué. Un simple rapprochement entre deux morceaux dans une situation identique permettra d'apprécier l'aspect de la musique de ces deux ouvrages célèbres.

Prenons le dernier morceau cité plus haut. Il est écrit en *mi bémol* à trois noires ; l'harmonie, quoique peu serrée, est suffisante ; la mélodie se détache sur un accompagnement en triolets dont les contours l'enlacent jusqu'à un *agitato* bien caractérisé et assez développé. — L'air de Chérubini : « *Perdre ma belle, plutôt le jour,* » est en *si bémol* également à trois temps ; l'emploi alternatif du basson, de l'alto, des cors, d'une manière concertante, donne à la phrase vocale une couleur voilée, une demi-teinte qui n'est pas sans charme. L'enchaînement des parties instrumentales est si bien conduit, qu'il produit à chaque mesure une harmonie complète. Evidemment Kreutzer suit aussi le courant musical indiqué par Méhul ; mais le public d'alors, malgré ses nouvelles sympathies, saisissait encore plus facilement la romance de Lodoïska II que le *larghetto* de Lodoïska Ire.

Il devait en être ainsi. Nous verrons plus loin que l'engouement pour les œuvres fortement conçues était plutôt dû à un sentiment politique qu'à un sentiment artistique ; à cette réprobation du passé qui absorbait dans une même exclusion les productions les plus diverses, l'ivraie et le bon grain, par la seule raison que ces ouvrages portaient l'empreinte de souvenirs odieux.

Mais, grâce aux événements, un sillon nouveau est tracé, suivi, étendu. L'organisation du Conservatoire donnera désormais une vie nouvelle, une impulsion irrésistible à l'art dramatique ; la multitude de cantates même, que la Révolution fit éclore, provoquera également un mouvement marqué en faveur de l'étude de morceaux lyriques. Le domaine musical s'étend. Malgré l'insuffisance des talents, Haydn est l'enchantement des concerts, Mozart est salué par l'école française ; de toutes parts, en un mot, la musique propage de nouveaux rameaux, découvre de nouveaux horizons, et, de toutes ces richesses, c'est l'Opéra-Comique qui absorbera encore la meilleure part. Comme Molière, il prendra son bien où il le trouve.

Dix-huit théâtres consacrés spécialement aux spectacles lyriques surgirent dans cette fameuse période révolutionnaire. Les scènes Favart et Feydeau s'enrichirent de quantité d'œuvres destinées et écrites primitivement pour l'Opéra, œuvres qui auraient en partie moisi sous la poussière des cartons. Ce déplacement ou cette transmigration plutôt d'ouvrages sérieux dans un répertoire tout contraire, n'est-ce pas là encore l'une de ces causes *apparentes* de l'opinion que jusqu'ici l'on s'est faite sur le goût *sévère* de nos pères ?

Par une mystérieuse rencontre des circonstances, il s'est trouvé que, pendant un espace de quelques années, il n'y avait réellement de compositeurs émérites que ceux auxquels la verve comique fit défaut.

Le public ne comprit pas la transformation opérée dans la musique par Méhul et ses disciples; ce n'était, encore une fois, ni la richesse de son harmonie, ni le coloris de son instrumentation, ni sa phrase austère et pathétique qu'il applaudissait, c'était le style qui semblait marcher de pair avec ses sentiments de *civisme*. En attendant, et à son insu, cet excellent public contribuait, pour une bonne part, dans ce progrès musical; ce qui ne l'empêchait pas d'acclamer nombre d'œuvres insipides, et de se pâmer d'aise aux élucubrations blafardes des Jadin, Devienne, Champein, Lemoyne, Fay, etc.; mais cela avait un air patriotique et sententieux qui le comblait d'enthousiasme.

Aussi, quand la réaction arriva, réaction qui, nous le verrons bientôt, fut à son tour également un progrès, elle n'eut lieu que grâce à de nouveaux venus dans l'arène, dont le génie musical était autant en opposition avec celui de leurs devanciers immédiats, que les mœurs du jour l'étaient avec celles d'une époque antérieure.

Ne semble-t-il pas que la nature prépare certaines intelligences pour certains événements? Dans cette simple et modeste esquisse d'une des multiples connaissances humaines, dans ce faible aperçu de l'Opéra-Comique, déjà nous voyons l'apparition d'une personnalité remarquable être en même temps le signal d'une transformation qui, *latente*, existait dans les esprits. Chaque époque a son Messie et ses apôtres ; chaque génie est un anneau complet d'un chaînon sans fin. — Demain n'est pas la négation d'hier ; car sans cela il n'existerait pas, il en est la corrélation, toujours incomplète, mais toujours ascendante.

Un chef-d'œuvre exquis dans sa forme sévère, un acte, un seul, sublime, simple et grand, eut son succès balancé, à Favart, par deux actes à Feydeau, deux actes d'une musique écourtée, niaise et plate, une rengaîne qui fait aspirer au Dalayrac! Nous parlons de *Stratonice*, de Méhul, et des *Visitandines*, de Devienne. Quel joyau que cette petite partition de l'auteur d'*Euphrosine* et de *Joseph!* Chose rare, l'inspiration y est aussi élevée que la science y est profonde.

Quelle beauté *antique* dans le rôle du vieillard Séleucus! L'air *Versez tous vos chagrins!* est tout simplement achevé comme sentiment ; que dire du travail de l'instrumentation si riche et pourtant si sobre, de ces traits de violoncelles, de ces notes plaintives jetées sur le tissu harmonique par les cors, les clarinettes, les tenues d'altos et de bassons, qui donnent à cette page un esprit si douloureusement vrai? Que dire de cette admirable scène de la consultation, où Antiochus, en proie à un mal qu'il n'ose avouer, est enfin deviné par le médecin Erasistrate, à l'apparition de Stratonice? Quel trait de génie que cette formidable marche de basse, entrecoupée par un dessin de violons empreint d'un charme indéfinissable et d'un *andante* ému et touchant, dit par le violoncelle; et comme enfin cette marche grandiose s'agrandit chaque fois qu'elle se répète jusqu'à sa péroraison splendide !

A côté de tant de beautés de premier ordre, doit-on s'étonner de la vogue égale, sinon inférieure, de l'œuvre dont nous venons de parler, à celle de l'opéra-comique de Deviennne? Non. Les événements, la liberté théâtrale, les passions politiques emplirent les salles de spectacle d'un public trop étranger aux questions littéraires et musicales ; la scène était une succursale des clubs. Chaque jour demandait une nouvelle apothéose ; le théâtre devait se faire l'écho des clameurs populaires et entretenir le soir l'effervescence de la journée. Comme une meule d'airain, les événements broyaient les renommées; les pièces de circonstance devaient forcément prendre le pas sur les œuvres d'une valeur intrinsèque.

Le sujet des *Visitandines* se rapproche de celui des *Rigueurs du cloître;* mais il est encore plus naïvement emphatique. Un jeune homme, égaré dans des « lieux écartés, » surpris par un orage, demande l'hospitalité, « un bon lit » et du feu dans un couvent. Il interpelle la tourière, qu'il prend pour une servante d'auberge. Resté avec son valet dans ces « lieux écartés, » il entend trois couplets d'une romance accompagnée par une harpe. C'est Euphémie, sa bien-aimée, qui se désole tendrement et pleure à l'approche de sa prise de voile. Le jeune Belfort, n'y tenant plus, imagine un stratagème pour s'introduire dans le couvent; un jardinier ivrogne, un cocher pris de vin lui permettent de se présenter chez les religieuses sous un travestissement de femme; il entre dans le saint troupeau sous le nom d'une religieuse convalescente qui y était attendue. Le valet suit de près son maître, après avoir endossé une défroque du directeur. Il annonce qu'il doit remplacer le père Hilarion retenu chez lui par une grave indisposition. La galerie des religieuses se confond d'admiration sur l'arrivée de ce directeur si bien fait, si jeune, si aimable; on le comble de gâteaux, de confitures et autres attentions sucrées. La ruse des deux intrus est découverte par l'arrivée du docteur, qui n'est autre que le père de Belfort. Etonnement général; tableau. — Et la pièce finit par un vaudeville en six couplets.

La musique est d'une banalité et d'un style vulgaire, qui prouvent que le public d'alors, en applaudissant à la fois *Stratonice* et *les Visitandines*, était loin d'avoir le goût musical formé. A part *Médée*, de Chérubini, et *Phrosine et Mélidor*, de Méhul, l'Opéra-Comique n'offre, en 1792 et 1793, aucune autre œuvre remarquable.

C'est à cette époque que naquirent ces platitudes musicales, ces descriptions *mélodiques* de batailles, etc.

La musique était l'élément indispensable de toutes les fêtes. Chaque jour produisait de nouvelles hymnes. Grétry cherchait à se consoler de la proscription de son cher *Richard Cœur de lion*, en écrivant, hélas! *Joseph Barra* et *l'Arbre de la liberté!* Kreutzer et Dalayrac donnent à Feydeau *le Siége de Lille*, *la Prise de Toulon*. Puis, sous le triumvirat de Robespierre, Saint-Just, Couthon, on joue à Favart et à Feydeau : *le Réveil du peuple*, de Trial fils ; *l'Intérieur d'un ménage républicain*, par Champein ; *la Famille indigente*, de Gaveaux ; *les Vrais Sans-Culottes*, par Lemoyne; *les Épreuves du républicain*, par Champein ; *Viala ou le Héros de la Durance*, par Berton ; *l'Apothéose du jeune Barra*, par Jadin ; *Le Pelletier de Saint-Fargeau*, par Blasius ; *la Veuve du républicain, Marat dans les souterrains, la Fête civique, le Siége de Thionville*, par Jadin ; *la Rosière républicaine*, par Grétry ; *le Bon Père, le Bon Ménage, les Abus du dernier régime, le Père jacobin, la Mort de*

Marat, l'Amour filial, la Vertu *récompensée, les* Capucins *aux frontières, l'Ombre de Mirabeau, le Bon Fils,* etc. — Tout était anomal dans la société d'alors : à peine sortie de son long assoupissement, elle cherchait, dans les contrastes les plus étranges, un aliment à ses fiévreuses préoccupations. « Les spectacles deviennent aujourd'hui inabordables, disait un journaliste du temps, on ne va plus y chercher un délassement ; ce sont des *soupiraux à l'incandescence des esprits.* »

Après que le rideau s'était levé sur une pastorale style Florian, où de *vertueux* citoyens chantaient *les charmes du bocage,* où l'on s'attendrissait sur *l'innocence en péril,* succédait presque toujours une mise en scène paraphrasant les violentes émotions du jour. Tantôt c'était l'enrôlement de volontaires, recevant l'accolade par des vieillards vêtus à l'antique ; tantôt l'on voyait des pyramides formées par les crânes de Prussiens et d'Autrichiens, au milieu desquelles on avait simulé l'écoulement de fleuves de sang. Le délire s'emparait alors des sans-culottes, et la soirée se terminait généralement par un formidable ensemble de *la Marseillaise,* et des imprécations contre les ennemis de la patrie.

Cependant quelques pièces plus avouables comme facture se firent jour alors. Citons : *Ambroise,* de

Dalayrac, et *Urgande et Merlin*, du même; *le Déserteur de la Montagne*, de Kreutzer, et *le Barbier de Séville*, de Paësiello, œuvre qui resta au répertoire jusqu'à l'apparition de son homonyme rossinienne.

Jamais la musique ne fut associée à des sujets plus bizarres et plus antilyriques; l'hymne surtout florissait, Gossec semblait en avoir la spécialité. Ce gâchis musical commença dès le mois de juillet 1790, où Désaugiers composa son hiérodrame, *la Prise de la Bastille*, exécuté à Notre-Dame. On cite ensuite *la Constitution*, ajustée par Marchand à des airs de vaudeville; le *Journal du soir*, annonçant la sommation de rendre Mayence, mis en musique par Lemière; *la Bataille de Jemmapes*, symphonie de Devienne; *la Prise de la Bastille*, exécutée sur l'orgue de Saint-Sulpice par Vogel, et enfin la célèbre mise en action de *la Marseillaise*, sous le titre *l'Offrande à La liberté*, par Gardel, et des hymnes de toutes couleurs : l'*Hymne à l'humanité*, celle *à l'Être suprême*, de Gossec; l'*Hymne à l'égalité*, de Catel; *le Chant du 9 thermidor*, de Lesueur; deux *Odes du 18 fructidor*, l'une par Méhul, l'autre par Chérubini; *le Cri de la patrie*, de Méhul; *l'Apothéose de Beaurepaire*, etc.

Époque terrible, où la société se débattait dans des convulsions sanglantes ! Parfois il semblait qu'une plèbe aveugle et féroce allait renverser tout vestige scientifique et artistique, et, d'un autre côté, jamais multitude plus innombrable de tentatives, de décrets en faveur des travaux de l'intelligence, ne parut qu'à cette période.

On reste confondu quand on parcourt la liste de toutes les questions abordées et résolues par les législateurs des différentes assemblées de la Révolution.

Le 18 juillet 1793, la Convention abolit toutes les académies et crée une commune des arts où sont reçus tous les artistes; les séances furent publiques et se tenaient au Louvre; les décrets des 9 et 25 brumaire an II instituèrent un jury de cinquante membres, peintres, musiciens et littérateurs, présentés par la commission d'instruction publique; ce jury, dans une séance publique, prononçait son jugement. La Convention recevait ensuite les lauréats dans une séance solennelle, et, au milieu des acclamations, le président leur donnait l'accolade. — On décrète que la musique et la danse soient comprises avec la peinture, la sculpture et la gravure, dans les encouragements accordés en faveur des beaux-arts.

Tandis que Custine et Beauharnais rendent compte de leur campagne du Rhin, que la belle girondine Charlotte Corday, cet *ange de l'assassinat*, comme l'a nommée un grand poëte, meurt

avec un courage stoïque, que le comité de salut public est le seul moteur du gouvernement, on lit, dans le *Moniteur*, ce décret : — « Le muséum de la République est ouvert dans la galerie du Louvre qui le joint au palais national. — Il y sera transporté les statues, vases, meubles précieux, marbres, déposés dans les maisons des Petits-Augustins et ci-devant royales, châteaux, jardins, parcs d'émigrés, et autres monuments nationaux. »
— On élabore également ce fameux décret sur l'instruction publique, où l'on dit : « II. Il sera établi une école par mille habitants. — XXXIX. La nation accorde aux enfants peu fortunés, qui ont montré dans les écoles nationales le plus de dispositions pour les sciences, les lettres et les arts, des secours particuliers qui les mettent à portée d'acquérir des connaissances supérieures et des talents dans les écoles particulières, auprès des professeurs libres. — XLI. La loi ne peut porter aucune atteinte au droit qu'ont les citoyens d'ouvrir des cours et des écoles particulières sur toutes les parties de l'instruction, et de les diriger comme bon leur semble. — XLII. La nation accorde des encouragements et des récompenses aux instituteurs et professeurs, aux savants et hommes à talents, qui ont rendu de grands services aux progrès des lumières, des arts et à l'instruction. » Belles aspirations ! et

cependant les savants Perne et Villoteau sont simples choristes, Condorcet se soustrait à l'échafaud par le suicide, et Lavoisier est exécuté! Oh! la passion aveugle et sauvage! Oh! les jours néfastes!... Mme Roland avait raison : « Liberté, que de crimes on commet en ton nom! »

Nous ne passerons pas sur cette terrible époque sans jeter le stigmate de l'infamie sur l'un des acteurs de l'Opéra-Comique, sur l'un des premiers membres de la troupe de la Comédie-Italienne. Il a donné son nom à son emploi, et l'on ne sait pas que cet homme qui fit tant rire, qui eut tant d'esprit dans ses gestes, fut un délateur à l'époque où la délation conduisait à l'échafaud. Cet homme, c'est Trial. Il dénonça des camarades, et, ce qui est plus odieux encore, des femmes! Ce furent Mme de Saint-Amaranthe et sa fille, ainsi que Mlle Buret, de la Comédie-Italienne.

VIII

La création du Conservatoire. — Pensions aux artistes. — Grétry oublié et dédommagé. — Un dîner de compositeurs. — Apparition de Boieldieu. — *Médée.* — Chérubini. — Son style. — Appréciation par Ad. Adam. — *Le jeune Henri.* — Les banquettes au parterre. — La propriété artistique. — Lakanal. — *Les droits du génie.* — Décrets actuels. — Loi libérale. — Les plats imitateurs. — *La force de la pensée et la force du bruit.*

La manière dont la création du Conservatoire fut décrétée ne laisse pas que d'être fort singulière, et peint bien l'esprit du temps. Les artistes de la musique de la garde nationale vinrent à la Convention, le 10 novembre 1793, solliciter l'établissement d'un Institut national de musique ; ils firent observer que les despotes allaient chercher des artistes chez les Allemands et qu'il fallait que, sous le règne de la liberté, ce fût chez les Français qu'on en trouvât. Voici la réponse que leur fit Chénier : « On sait combien jusqu'à présent la musique nationale s'est distinguée dans les révolutions ; on sait quelle a été l'influence de la musique sur les patriotes, à Paris, dans les départements, aux frontières. Je demande donc qu'on décrète *le principe* qu'il y aura un Institut national de musique à Paris, et que la Convention charge le comité d'instruction publique des moyens d'exécution. » Ce décret fut immédiatement proclamé ; après quoi l'un des musiciens annonça que depuis dix mois ils avaient formé des élèves remarquables et nombreux, et que le jour de repos de la troisième décade suivante, ils joueront vingt-quatre solos d'instruments à vent. « Lorsque La Fayette nous demandait l'exécution de l'air : « *Où peut-on être mieux qu'au sein de sa famille ?* (*Lucile*, de Grétry), disait l'orateur, nous lui répondîmes par le *Ça ira ;* maintenant nous allons jouer l'hymne composé par Chénier et mis en musique par le Tyrtée de la Révolution, le citoyen Gossec. Après ce morceau, la députation se retire aux accents du *Ça ira.* » — Deux ans après cette séance, parut une loi (16 thermidor, an III), ainsi conçue : « I. Le Conservatoire, créé sous le nom d'Institut national, par le décret du 18 brumaire an II, est établi dans la commune de Paris pour exécuter et enseigner la musique. Il est composé de cent quinze artistes.— II. L'enseignement consiste à former des élèves dans toutes les parties de l'art musical. — III. Six cents élèves des deux sexes y seront instruits gratuitement ; ils seront choisis proportionnellement dans tous les départements. — X. Une bibliothèque nationale de musique est formée. »

L'Institut national des Sciences et des Arts ne fut organisé qu'en 1795. Méhul, Gossec, Grétry, Lesueur, Chérubini, Langlé, Martini furent nommés dans la section de musique. La révolution, en supprimant quantité de pensions établies par le régime déchu, chercha néanmoins à créer des compensations. Monsigny avait perdu sa charge honorifique de maître d'hôtel du duc d'Orléans; Grétry avait perdu la pension qu'il tenait du comte d'Artois; Dalayrac, Berton, luttaient contre la misère. Après la création des écoles primaires et normales, la Convention décrète, le 17 vendémiaire an III, sur la proposition de Grégoire, qu'une somme de *cent mille* francs est allouée pour encouragements, récompenses et pensions aux savants, artistes et hommes de lettres.

Le 18 fructidor de la même année (4 septembre 1795), un rapport de Villard, au comité de l'instruction publique, porte une liste de cent dix-huit noms d'artistes pensionnés par la Convention. Il est curieux de voir comment on distribua ces récompenses. Une foule de noms obscurs emplissent cette liste, partagée en pensions de 3,000 francs, 2,000 francs et 1,500 francs. Rodolphe, l'auteur du célèbre solfége, reçoit 3,000 francs; les deux petites-nièces de Fénelon, la petite-fille du peintre Lebrun, le sculpteur Houdon, un musicien nommé

Garigni, en reçoivent autant; Monsigny, le sculpteur Clodion, Martini, 2,000 francs; Arnaud, l'auteur de la tragédie de *Marius à Minturnes,* est porté pour 1,500 francs. Si notre cher Monsigny obtient une place *au-dessous* de Rodolphe et Garigny, Grétry, lui, fut omis. Cependant, grâce à la pétition adressée par Méhul, Dalayrac, Chérubini, Devienne, Lesueur, Gossec, Langlé, Lemoyne et Champein à la Convention, celle-ci, sur le rapport qui lui en fut fait par Lakanal, autorisa la publication des *Essais sur la Musique,* de Grétry, aux frais du gouvernement. Ce décret porte la date du 28 vendémiaire an IV.

A cette époque environ, quatre des illustrations musicales du jour se réunissaient régulièrement chaque *décadi,* dans un dîner fraternel où, malgré les graves préoccupations du moment, l'on buvait à la prospérité du Conservatoire naissant, dirigé par Sarette, où l'on improvisait des toasts en faveur du succès des ouvrages nouveaux, et enfin où l'on retrempait le cœur dans la saine et vivifiante intimité de caractères nobles et élevés.

Ces illustrations de la période républicaine furent Méhul, Chérubini, Kreutzer, dont l'origine toute française dément la désinence d'un nom tudesque, et Jadin. C'est là, dans ce cénacle, qu'à la faveur d'une recommandation, pénétra un jeune musicien de Rouen, dont les aspirations dramatiques s'étaient déjà manifestées par des ouvrages créés dans sa ville natale. Le nouveau venu était timide comme tout débutant, doué d'un agréable physique et possédant, à côté d'une jolie voix, un talent de pianiste, ce qui alors n'était pas un mince mérite. Mais la nullité de ses études de composition l'obligea, pendant quelque temps, à tourner ses regards vers un chemin moins âpre et moins décevant que celui de la scène lyrique. Grâce à l'appui de ses illustres amphitryons, il eut accès dans la maison des frères Erard, où se réunissait l'élite du monde musical.

Notre provincial se fit rapidement connaître, et bientôt il eut l'honneur de diriger une classe de piano au Conservatoire, ce qui ne l'empêcha pas de s'essayer dans la composition en écrivant *la Dot de Suzette*, *les Deux lettres*, *la Famille suisse*, *Zoraïme et Gulnare*, *Beniowsky*, *le Calife de Bagdad*. Cet inconnu, nos lecteurs l'ont nommé, c'est Boieldieu, l'un des plus beaux noms de notre école française, de notre opéra-comique.

Le hasard, ce grand maître des destinées, semble avoir placé le futur auteur de *la Dame Blanche*, lors de son arrivée à Paris, au centre même de ceux dont il devait, de par son génie, continuer l'œuvre en la transformant, et hériter de leur gloire.

Chérubini, dont la sévérité était si redoutée par ses élèves, devint le professeur du jeune Boieldieu ; l'inspiration de ce dernier devait se féconder sous l'influence des préceptes de l'auteur de *Médée.*

Cet ouvrage, qui date de l'année 1797, est, dans le genre dramatique, l'une des meilleures œuvres de Chérubini ; mieux peut-être que Méhul, Chérubini est fidèle à cet idéal de républicanisme classique qui inspira si candidement Klopstock, l'auteur de *la Messiade.*

Italien, élève de Sarti, Chérubini suivit bientôt un autre courant ; son esprit droit, méditatif, analytique se tourna du côté de l'Allemagne. Haydn est son maître, Gluck l'impressionne. Pour sa muse austère, la révolution semble être l'élément prédestiné ; chantre des victoires nationales, donnant son tribut aux mânes de Mirabeau, de Hoche, etc., il attache son nom à la création du Conservatoire, et écrit quelques partitions où priment par-dessus tout la fermeté et la pureté d'un style qui ne vieillira pas.

Pendant l'Empire, Chérubini semble se retirer du bruit public ; ce n'est que plus tard que sa muse illustre une seconde fois son nom, mais alors dans un genre de musique qui ne fait pas l'objet de cette étude.

Sa *Médée* est un modèle de perfection.

Le dessin est plus correct, la ligne beaucoup plus pure que chez Méhul, qui tombe quelquefois dans le pathos et dont le style est loin d'être aussi châtié.

Puisque nous en sommes à parler de cet illustre maître, nous ne saurions mieux faire que de nous effacer et laisser la parole à Adolphe Adam, qui, lui aussi, a laissé tant de souvenirs dans notre répertoire de l'opéra-comique :

« Quoique le style de Chérubini appartînt plutôt à l'école allemande qu'à l'école italienne, on ne peut cependant le ranger parmi les compositeurs de la première de ces deux écoles. Sa manière est moins italienne que celle de Mozart, elle est plus pure que celle de Beethoven ; c'est plutôt la résurrection de l'ancienne école d'Italie, enrichie des découvertes de l'harmonie moderne.

« Je crois que si Palestrina avait été de notre temps, il eût été Chérubini ; c'est la même pureté, la même sobriété de moyens, le même résultat obtenu par des causes pour ainsi dire mystérieuses; car, à l'œil, leur musique offre des combinaisons dont il est impossible de deviner l'effet, si l'exécution ne vient les révéler à l'oreille. Chérubini n'a point marqué dans l'art comme ces musiciens qui viennent y faire une grande révolution, une transformation complète du style.

« Contemporain d'Haydn, de Mozart, de Beethoven et de Rossini, Chérubini semble avoir été placé au milieu de ces grands génies comme un modérateur dont l'esprit sage et ferme devait mettre en garde tous les satellites de ces lumineuses planètes contre les égarements de l'idéalité ; c'est la raison, placée près de l'imagination, qui doit en diriger les rayons et en réprimer les écarts.

« Les ouvrages de ce maître pourront toujours servir de modèles, parce que, composés dans un système exact et presque mathématique, exempt, par conséquent, des formules affectées par la mode, ils subiront moins de dépréciations que maints ouvrages recommandables d'ailleurs à bien des titres, mais dont les formes vieilliront d'autant plus vite qu'elles auront été accueillies avec plus de faveur à leur apparition. Comparez, en effet, les premières œuvres de Mozart avec celles de Chérubini, composées à peu près à la même époque, car ils naquirent à quatre années de distance l'un de l'autre, et vous serez surpris de voir combien certains passages de Mozart vous paraîtront surannés, tandis que rien n'accusera dans les ouvrages de Chérubini l'époque où ils ont été écrits... Mais ce nom vivra immortel, cette gloire ne périra pas ; car, quand bien même Chérubini n'eût pas été un grand compositeur, quel maître put se vanter jamais d'avoir fait de tels élèves? L'excellence de sa méthode est encore mieux constatée par la diversité du talent des compositeurs qui ont reçu de ses leçons; il leur laissait toute leur individualité; mais ce qu'il leur donnait à tous, c'était une pureté dont il leur fournissait le modèle dans ses ouvrages, et c'est encore un bonheur de voir un reflet de son talent dans les chefs-d'œuvre de ses élèves... Oui, nous le répétons, de tous les titres de gloire de Chérubini, il en est un qu'on ne saurait trop proclamer : il fut le maître de Boieldieu, d'Auber, de Carafa et d'Halévy. »

Cette définition du style et de la valeur musicale de Chérubini nous a paru digne d'être rapportée ; elle est la plus fidèle expression de notre pensée, et la citation des auteurs de *la Dame blanche*, *l'Ambassadrice*, *le Valet de chambre*, *l'Éclair*, indique assez à quel ordre d'idées se rattache le jugement du charmant esprit auquel on doit *le Chalet* et *le Postillon de Lonjumeau*.

Quelques mois après la *Médée* de Chérubini, parut, à Favart, ce fameux *Jeune Henri* de Méhul, dont il n'est resté que la célèbre ouverture de chasse. Ce morceau est devenu populaire; la franchise du rhythme, le coloris, la verve dont il est empreint sont dans toutes les mémoires. Il est donc inutile d'en faire une analyse; mais ce que l'on ignore, c'est que cet opéra, qui n'eut qu'*une seule* représentation, est, grâce à son ouverture, celui qui dans la foule a illustré le nom de Méhul. Lors de l'exécution du *Jeune Henri*, le 1er mai 1797, le public fut si transporté à l'audition de ce morceau symphonique, qu'il ne laissa pas achever le drame, et redemanda *la Chasse*, qui fut redite deux fois de suite, au milieu d'un enthousiasme indescriptible.

Nous venons de franchir la Terreur et d'indiquer sommairement quelques faits relatifs au but de notre travail.

Un nouvel ordre d'idées a surgi.

Cependant, avant d'en entreprendre l'examen, nous ne pouvons passer sous silence quelques événements qui importent dans l'histoire dramatique et artistique. C'est à partir de la Révolution, ou plutôt de 1793, que le parterre fut garni de banquettes. « Ce n'est pas la posture d'esclaves qui convient à des hommes libres, au peuple souverain. » Telle est la phrase qui donna le signal de cette réforme.

Mais un fait autrement important doit être mentionné : c'est la proclamation de la loi sur la propriété artistique. Cette propriété, que de récents décrets ont à plusieurs reprises sanctionnée, a été solennellement reconnue par la Convention, le

19 juillet 1793. Voici en substance la déclaration célèbre dont Lakanal fut le rapporteur : — « ..... De toutes les propriétés, la moins susceptible de contestation, celle dont l'accroissement ne peut ni blesser l'égalité républicaine, ni donner d'ombrage à la liberté, c'est sans contredit celle des productions du génie; et si quelque chose doit étonner, c'est qu'il ait fallu reconnaître cette propriété, assurer son libre exercice par une loi positive; c'est qu'une aussi grande révolution que la nôtre ait été nécessaire pour nous ramener, sur ce point comme sur tant d'autres, aux simples éléments de la justice la plus commune. Le génie a-t-il ordonné dans le silence un ouvrage qui recule les bornes des connaissances humaines, des pirates littéraires s'en emparent aussitôt, et l'auteur ne marche à l'immortalité qu'à travers les horreurs de la misère... Citoyens, la postérité du grand Corneille s'est éteinte dans l'indigence!... Par quelle fatalité faudrait-il que l'homme de génie, qui consacre ses veilles à l'instruction de ses concitoyens, n'eût à se promettre qu'une gloire stérile, et ne pût revendiquer le tribut légitime d'un si noble travail? *C'est après une délibération réfléchie que votre comité vous propose de consacrer des dispositions législatives qui formeront en quelque sorte la déclaration des* Droits du génie! »

Le décret de 1793 accorda la limite de dix années pour le droit des héritiers; le 5 février 1810, il fut porté à vingt ans. — Tous les gouvernements qui se sont succédé depuis ont cherché à résoudre ce problème de la propriété artistique. La Restauration et la monarchie de Juillet en ont discuté le principe en 1825, 1836, 1841 ; il a été donné au règne de Napoléon III d'en élargir l'application.

Le décret du 18 avril 1854, prolongeant le droit des auteurs trente ans après leur mort, a été un acheminement vers la propriété perpétuelle, que le projet de loi soumis au Conseil d'État ne peut tarder d'amener à l'état de fait accompli. Ce sera là, croyons-nous, une mesure libérale, qui répondra aux aspirations de notre époque ; ce sera un pas de plus dans la voie du progrès et de la civilisation ; ce sera un exemple qui ne pourra tarder à être suivi par les autres nations. Le projet de loi met fin à tous les débats, toutes les incertitudes qui ont agité cette question depuis si longtemps, en déclarant que les œuvres de l'intelligence constitueraient un patrimoine régi par les bases du Code civil. *Cinquante ans* après la mort de l'auteur, les ouvrages tomberont dans le domaine public; le *droit* de propriété des héritiers se transformera en une redevance qui leur sera payée sur chaque édition, ou sur les recettes provenant de l'exécution d'œuvres dramatiques ou musicales.

Ne le disions-nous pas? Nous édifions avec les matériaux que nos pères nous ont préparés il y a trois quarts de siècle ! Mais revenons à nos moutons, comme disait cet excellent maître Pathelin.

Le mouvement musical dont Méhul et Chérubini furent la plus fidèle expression, dégénéra dans la foule de plats imitateurs qui suivirent. Comme toujours, à défaut d'idées, les compositeurs eurent recours à un fatras d'harmonie bruyante et creuse. Le génie a la *force de la pensée*, mais le métier n'a que la *force du bruit*, si nous pouvons nous exprimer ainsi. Aussi, toutes les nullités lyriques, qui avaient envahi le répertoire des deux théâtres Feydeau et Favart, sont-elles partout empreintes de ce badigeonnage de trémolos menaçants si à la mode alors; le ronflement du basson et le gémissement du trombone étaient l'inévitable accompagnement de n'importe quelle mélodie.

IX

Après Thermidor. — *Le Réveil du peuple* et *la Marseillaise*. — Tumulte à l'Opéra. — Article du *Moniteur*. — Grétry et son opinion sur la musique d'alors. — Le député Leclerc. — Le goût change. — Concerts Feydeau. — Merveilleuses et incroyables. — Un promoteur sans le savoir. — Della-Maria. — *Le Prisonnier ou la Ressemblance*. — Les interprètes.

Dès 1795, on commençait à se lasser de la persistance avec laquelle les fournisseurs de partitions adoptaient un style qui devenait ridicule et insipide sous leur plume. On était presque au lendemain du 9 thermidor, et l'aspect des mœurs était méconnaissable ; on connaît l'histoire, et ce Directoire empanaché, et ce débordement inouï d'une licence qui ramenait les incroyables aux mauvais jours de la Régence ; on connaît le temps où la belle Mme Tallien conviait dans son salon les anciens invités de Mlle de Montansier.

On était au lendemain de thermidor, et l'on venait d'adapter à une mélodie de Dalayrac (dans *Renaud d'Ast*, dont nous avons parlé précédemment) des stances patriotiques dont voici les premières paroles : « *Veillons au salut de l'empire.* »

On sait qu'à cette époque encore la dénomination d'empire était un latinisme, et excluait toute idée de monarchie. Cet air et une chanson de Gaveaux et Souriguières, intitulée *le Réveil du peuple*, eurent le pas sur *la Marseillaise*. On sait qu'il fallut un décret spécial des directeurs pour l'exécution de l'œuvre de Rouget de l'Isle dans les théâtres et autres lieux publics, mais l'on ignore peut-être à la suite de quel incident ce décret eut lieu.

Lors de l'anniversaire du 14 juillet en 1795, après la représentation d'*Iphigénie en Aulide* à l'Opéra, un acteur s'avança et chanta l'air de Dalayrac, un autre survint qui entonna *la Marseillaise*. A peine eût-il commencé, que de toutes parts l'on réclama *le Réveil du peuple*; l'acteur recommence résolûment son hymne, mais il lui est impossible d'achever, au milieu du tumulte et des vociférations. A travers les clameurs, on distinguait parfois les cris : *Du pain ! La Constitution de l'an II ;* des *incroyables* menaçaient de leurs gourdins en spirales quelques-unes des anciennes tricoteuses des Jacobins.

Quelques jours après, le *Moniteur* fulminait un article virulent contre ceux qui accusaient le gouvernement de terrorisme : « La terreur est l'arme des contre-révolutionnaires à cheveux poudrés et à cheveux gras, » et ce serait s'avouer partisan des lâches transfuges que de proscrire l'hymne de Rouget de l'Isle, ajoutait le journal officiel.

La réaction, opérée dans des régions que nous ne pouvons que légèrement indiquer, ira bientôt se manifester dans notre genre national. La mélodie fraîche, rieuse, spirituelle, s'épanouira de nouveau. Grétry aura le bonheur de voir la résurrection de son œuvre, lui qui ne put s'empêcher de gémir sur l'état de la musique d'alors, malgré son admiration pour le talent de Méhul. « Il semble, disait-il, que depuis la prise de la Bastille, on ne doive plus faire de musique en France qu'à coups de canon ! Erreur détestable qui dispense de goût, de grâce, d'invention, de vérité, de mélodie et *même d'harmonie, car elle ne fut jamais dans le bruit*. Si nous n'y prenons garde, nous dessécherons l'oreille et le goût du public ; nos meilleurs chanteurs deviendront ventriloques au bout de deux ans et nous n'aurons plus que des compositeurs bruyants. »

Avouons que voilà des paroles dont l'application ne serait pas malaisée, quant au temps présent. Aussi bien nous pourrions citer l'opinion de Leclerc, membre du Corps législatif, qui s'exprimait en ces termes : « Aujourd'hui (1795) la musique se livre à des écarts qui font craindre qu'elle ne marche à grands pas dans sa décadence. L'avidité du public pour les nouveautés et la facilité que trouvent les compositeurs à l'étonner par des combinaisons extraordinaires ont produit cette licence d'orchestre qui souvent dégénère en bruit, gâte l'oreille et fait perdre le goût d'une harmonie pure. Tout l'effort de l'art est confié à l'accessoire, la mélodie est presque dédaignée, et l'organe que la nature nous a donné pour exprimer nos affections est le moyen dont nos musiciens actuels semblent tirer le moins de parti. Aussi a-t-on tellement multiplié les instruments, que le plus petit opéra-comique peut à peine être joué dans quatre ou cinq des plus grandes villes de la République. »

Ces protestations contre une niaise phraséologie musicale pénétrèrent insensiblement dans l'esprit public, avec d'autant plus de facilité qu'une nouvelle atmosphère semblait disposer l'opinion à accueillir un style plus en rapport avec les idées du moment. Aussi Dalayrac resta-t-il en pleine faveur, quand Méhul, malgré son *Ariodant*, où se trouve une si remarquable ouverture et tant de belles pages, voyait son étoile pâlir.

Il y eut une époque de transition où, fatigué de la musique *poussée au noir*, et ne trouvant pas encore un compositeur nouveau qui répondît aux aspirations du jour, on suppléait en quelque sorte à l'insuffisance du répertoire de l'opéra-comique par une prodigieuse quantité de concerts.

La salle Feydeau acquit une vogue immense avec ses concerts de jour; une sorte de fièvre semblait s'être emparée du public.

Thermidor avait anéanti le comité de salut public, renversé la commune, ouvert les cachots; tous ceux qui s'étaient engagés dans ce gouffre béant de la Révolution avaient en quelque sorte été fascinés par cette voix dont parle Bossuet : Marche, marche ! Ils ont marché jusqu'à la mort, épuisés et dépassés par les événements. La fatalité antique, sombre et implacable, semblait réapparue; et quand la démence fut à son apogée, le plus terrible proconsul dut, lui aussi, grossir à son tour l'hécatombe.

Alors aux odes à l'Être-Suprême, aux fêtes de la Nature, aux hommages rendus aux mânes de Rousseau et de Voltaire, au *Ça ira*, à la *Carmagnole*, succéda une effervescence de plaisirs qui provoqua inévitablement une dissolution inouïe dans les mœurs. Après les Catons du régime tombé, il y a les *muscadins* qui les remplacent.

Veuillez nous suivre un moment à Feydeau, l'an IV. — Il est quatre heures de l'après-midi, les abords du théâtre sont encombrés de voitures traînées par des chevaux étiques et recélant des nymphes couvertes de brillants. L'affluence est énorme ; les rues, assez étroites, mettent les muscadins dans la nécessité de se garer avec force contorsions ridicules ; ils vont grossir la foule qui stationne au péristyle du théâtre. Là, les mains dans des poches insondables, le cou empaqueté dans une forteresse de batiste, ils jettent avec langueur un demi-regard autour d'eux, en attendant l'ouverture du concert ; et dès que la salle est ouverte, entendez-vous ce bruissement continu qui l'emplit, voyez-vous la sensation immense produite par l'apparition d'une *merveilleuse*, coiffée d'une perruque à serpenteaux entrelacés d'or ? Et dans tous ces groupes si animés, de quoi parle-t-on ? de musique ? Écoutez ce jeune Lorédan qui grasseye d'une façon si adorable : » Ah ! chers, quelle nouvelle ! cet excellent X[***] se marie de désespoir, oui, de désespoir ; on se marie beaucoup aujourd'hui, c'est incroyable, parole d'honneur ! c'est une rage, une épidémie, hé ! hé ! hé ! » Puis enfin, ces bourdonnements se taisent, et Garat lance, dans cette foule désœuvrée et frivole, les notes d'or qui s'échappent de son gosier merveilleux ; Rode exécute avec son archet magique ses admirables concertos ; Mengozzi, un chanteur italien, égrène les mélodies de Pergolèse, de Cimarosa, de Paësiello, etc. — Les symphonies de Haydn excitent l'enthousiasme ; il est même rare quand elles font défaut sur les programmes.

A cette époque, le Palais-Royal était l'asile du fameux Cercle de l'harmonie, créé par M. de Saint-Georges, le violoniste mulâtre, quand, entre les bulletins de victoire de l'armée d'Italie signés Bonaparte, et la pacification de la Vendée par Hoche, après le traité de Campo-Formio, parut sur la scène de l'Opéra-Comique un ouvrage qui fut le signal d'une nouvelle ère dans notre genre lyrique.

Pourtant, il faut bien l'avouer, le promoteur de ce mouvement était loin de réaliser ce que l'on appelle un chef d'école; c'est à son insu, en quelque sorte, qu'il accomplissait cette révolution.

Plus tôt, Grétry l'eût éclipsé, Méhul l'eût écrasé; plus tard sa mélodie ingénue et son harmonie trop frêle n'auraient pu lutter avec les œuvres de Nicolo et de Boieldieu. Quant à Dalayrac, nous l'avons déjà dit, il suivait le mouvement, et tombait malheureusement dans un faire banal. Les lieux communs et les redondances envahissaient chacune de ses productions. Ce n'était donc pas lui, malgré ses *fredons*, qui pût donner le branle-bas de la mélodie, ni Berton qui avait le sentiment pathétique très-prononcé.

Un jeune compositeur, élève de Paësiello, dut à un heureux hasard des circonstances la faveur d'obtenir une renommée dans l'histoire de l'opéra-comique.

Son apparition fait presque l'effet d'une vision, tant elle a été courte; ne semble-t-il pas que ce jeune homme « aimé des dieux » eût eu la prescience de sa faiblesse pour continuer le mouvement qu'il venait de tracer? La sombre Faucheuse l'a emporté au lendemain de son premier succès et au commencement de ses défaillances. Enfant de l'antique Phocée, il portait le nom de Lamarie; mais, hélas! comme nul n'est prophète en son pays, il avait changé l'euphonie de son nom, et, l'italianisant, il s'appela Della-Maria. — Tout lui souriait, il souriait à la vie. — Dès l'âge de dix-huit ans, le succès l'avait bercé dans sa chère ville de Marseille; arrivé à Paris, inconnu, presque seul, son étoile et son aspect sympathique aidant, il obtint, chose inouïe! un poëme spirituel, destiné d'abord au Théâtre-Français. Alexandre Duval fut ce collaborateur bienveillant.

La pièce porte le nom de *le Prisonnier ou la Ressemblance*.

Cette bluette, qui est une date dans notre genre national, repose sur une donnée fort simple, mais très-fertile en incidents heureux. Un jeune officier, détenu dans une prison près de Sorrente, parvient à s'en échapper à la faveur d'une tendre inclination.

Une veuve, mère de la charmante Rosine, demeure assez près de la prison pour que les romances du « jeune guerrier » puissent exercer leurs ravages dans le cœur de la douce ingénue, fiancée à un personnage qu'elle ne connaît pas. L'évadé, après quelques quiproquos, tombe au milieu de la famille et s'annonce comme le futur, quand surviennent le gouverneur de la prison, ami de la veuve, et le véritable prétendant. De là, une suite de scènes divertissantes, où les uns, après s'être reconnus, ne se reconnaissent plus. Mais comme tout doit avoir une fin, même les pièces de Duval, cela finit par un double mariage.

En l'espace de huit jours, la partition fut écrite, et elle eut pour parrains des interprètes enthousiastes de leurs rôles ; elle fut apprise rapidement, et quand, le 29 janvier 1798, elle apparut à la salle Favart, il semblait que c'était là la manne mélodique à laquelle aspirait le public, tant sa joie était grande.

Certes, la valeur musicale de cet ouvrage est d'une médiocre importance : rien de nouveau dans le tissu harmonique, la mélodie chante et babille d'une voix discrète ; mais, eu égard au milieu où cette production parut, elle a le charme d'une accentuation vraie et gracieuse.

Quel ensemble délicieux aussi que Elleviou,

l'inimitable chanteur, Chenard, Saint-Aubin, la spirituelle et bonne Mme Dugazon, dans le rôle de la veuve, quand elle disait si malicieusement son air charmant : *Il faut des époux assortis;* et encore la toute belle et ravissante Mme Saint-Aubin, la mutine ingénue, qui câlinait si bien sa mère : *Oh! je ne l'aime pas, maman, mais je le plains beaucoup, ce jeune homme; lorsque dans une tour obscure j'entends ses plaintes, je deviens triste tout le jour; maman, ne sois pas mécontente, la pitié n'est pas de l'amour... oh! je ne l'aime pas!*

X

Le siècle va finir. — Napoléon. — Les fêtes du Consulat. — Boutade de Mercier, de l'Institut. — Un monsieur qui n'aime pas la musique.— Berton. — *Montano et Stéphanie.*— La musique imitative. — Style des poëmes.— Une interdiction.— Un dernier jacobin.— L'éducation du public. — Les maîtrises et le Conservatoire. — Chenard. — L'Opéra-Comique deviendra maître à son tour. — Considérations sur la liberté théâtrale. — La centralisation.— Une allégorie dramatique. — Une lettre de Fouché.

Bientôt finira le siècle. Le drame commencé par Mirabeau s'achèvera par Napoléon. Le héros d'Arcole, le vainqueur des Pyramides fascine le monde ; ce géant, en qui la France semble s'incarner, enivre et exalte les esprits jusqu'au délire.

Nous sommes loin des odes civiques et des aimables muscadins. On délaisse Méhul, on ne revient cependant pas aux œuvres qui rappellent la monarchie, mais insensiblement se préparent des productions greffées sur les divers genres précédents.

Dalayrac entretient toujours ses succès à la mode; Della-Maria écrit une dizaine de partitions, dont le mérite s'en va s'affaiblissant. Il meurt à la fin de l'année 1800, après s'être subitement évanoui rue Saint-Honoré, et sans que son identité fût immédiatement reconnue. Grétry donne cet enfant bien-aimé de sa vieillesse : *Élisca ou l'Amour maternel*, hélas ! Mais Berton compose *Montano et Stéphanie* et *le Délire ;* mais Boieldieu s'essaye ; mais Nicolo apparaît ! et Chérubini, dans le ravissant chef-d'œuvre comique *les Deux Journées,* sur le seuil du dix-neuvième siècle, dit adieu à la république qui s'en va, et se prépare à bouder l'empire qu'il semble voir poindre à l'horizon.

Jamais peut-être fêtes plus innombrables ne se succédèrent comme sous le consulat ; l'Italie déversait ses trésors chez nous, tout était triomphes et gloire alors.

Malgré cette effervescence publique, la prospérité des théâtres Favart et Feydeau laissait beaucoup à désirer : à part deux ou trois succès, le reste ne se liquida que par un passif considérable. La multiplicité des fêtes officielles, des spectacles improvisés, nuisit peut-être aussi un peu, avec l'inintelligence de quelques administrateurs, à l'état des deux théâtres rivaux, qui se réunirent en 1801, comme nous l'avons déjà mentionné précédemment.

Rien ne peut donner l'idée du mouvement des esprits pendant ces années rayonnantes ; l'enthousiasme débordait, on ne savait par quels divertissements accueillir la nouvelle de nos conquêtes.

Nous avons sous les yeux une curieuse boutade,

à ce sujet, de Mercier, de l'Institut, qui s'exprime en ces termes : « De cette tendance universelle à une oisiveté que sollicitent tant de spectacles de toutes couleurs, doivent naître beaucoup de maux. Si personne ne chérit plus le travail, ne s'en fait plus un devoir, que deviendra l'ordre de la société? La probité s'accommode peu de cette fainéantise trop autorisée et de cette dépense onéreuse qui en est la suite. Oh! quelle imprévoyance politique d'avoir ouvert la porte la plus large à cette foule de comédiens de toute espèce, à tous ces vendeurs de sons, de gestes, de pétards et de bluettes, à tous ces insignes larrons du temps, qui, sous tant de noms divers, pompent la véritable vie de l'homme, sa vie laborieuse, gage de sa subsistance et de ses vertus domestiques... Tous les histrions foulant le sapin, tous les tireurs d'archets, tous les emboucheurs de flûtes, tous les faiseurs de caracolades, tous les allumeurs de lampions sont devenus des artistes, et depuis ce temps-là, par une noble émulation, les cabaretiers sont des entrepreneurs; les restaurateurs, des négociants; les cuisiniers, des chimistes; les glaciers (nouvelle et importante profession), des espèces de princes hospitaliers. »

O vertueux Mercier! sage législateur et profond politique, Molière t'aurait reconnu!

Cet homme, assurément, n'aime pas la musique.

La production musicale qui domine pendant quelques années, et, par sa valeur réelle et par son succès constant, c'est incontestablement *Montano et Stéphanie*, le chef-d'œuvre de Berton, représenté en 1799. Nous ne disons représenté que pour mémoire, car ce ne fut que véritablement deux ans après (1801) que cet ouvrage put régulièrement poursuivre le cours de son succès.

Nous renvoyons nos lecteurs à la notice si remarquable qu'Ad. Adam a consacrée dans ses *Souvenirs* au sujet de Berton, ainsi qu'à une fine et spirituelle étude de M. Édouard Monnais : *Histoire d'un chef-d'œuvre*, publiée dans la *Gazette musicale* de 1847, sur l'auteur de *Montano et Stéphanie*. Ils y verront au milieu de quelles vicissitudes, de quels déboires, de quelles misères ce chef-d'œuvre vit le jour ; que, faute d'une somme de *neuf francs en espèces*, qui permît l'achat de papier à vingt-huit portées, Berton allait se trouver contraint d'abandonner son fameux final du second acte, une scène magistrale !

La dépréciation des assignats était telle, que Berton fut inondé d'un bonheur sans pareil, lorsqu'il parvint à vendre un arrangement pour deux flageolets, sur l'ouverture de *Démophon*, de Vogel, au prix de quatre écus *trébuchants et sonnants*, qui lui facilitèrent l'acquisition de son précieux papier et procurèrent l'existence à sa famille pendant une quinzaine de jours. Le poëme était dû à Déjaure, un nom alors bien considéré dans le monde dramatique.

On se souvient que c'est grâce au conseil de Monsigny que Sedaine confia le libretto de *Richard* à Grétry; par une singulière analogie, ce fut cette fois Grétry, lui aussi à la fin de sa carrière, qui, refusant ou déclinant plutôt la faveur de traiter la pièce de Déjaure, engagea celui-ci à s'adresser à Berton. Ce conseil nous valut un chef-d'œuvre de plus.

Montano et Stéphanie est une page admirable sous le rapport des ensembles, des scènes pathétiques, du développement et de la gradation de l'élément dramatique.

L'action se passe au deuxième siècle, à Syracuse. Un vaillant et noble chevalier doit s'unir avec Stéphanie : un sien ami, Altamont, jaloux ténébreux, son rival, en un mot, à la faveur d'une *nuit obscure*, imagine un stratagème pour détruire les illusions d'amour de Montano. Un valet et une suivante déguisés se rencontrent à un rendez-vous; Montano se livre à des transports furieux, et quand la cérémonie nuptiale se prépare, il jette l'insulte à la face de celle qu'il aime. C'est là que se trouve la progression célèbre qui aboutit à ce *crescendo* tant renommé. L'effet est splendide, parce que, d'un seul jet, le compositeur remue tous les personnages de cette scène ; avec une véhémence croissante, il agite successivement la douleur du père, il peint la stupeur du prêtre, l'indignation de la fiancée et son accablement, la perfidie d'Altamont, les malédictions de la foule.

Ce final est grand par la pensée, grand par l'exécution.

Quant aux autres morceaux, quoique d'un ordre inférieur, ils sont également remarquables. Quoi de plus suavement mélodique que l'air d'entrée de Stéphanie, *Oui, c'est demain que l'hyménée*, qui de ternaire se transforme en une mesure binaire, faisant déjà pressentir les orages de l'acte suivant. Quelle simplicité dans la facture des rôles de Léonati le père, et Salvator le prêtre ! Remarquons aussi le chœur, *Avançons en silence*, avec sa mesure rhythmique en triolets et en notes jetées dans les basses.

Il y a quelques intentions de musique imitative dans cette scène ; quand l'imitation réside dans le sentiment, quand l'âme colore ses impressions, alors la musique imitative est belle, ou plutôt ce n'est plus de la musique imitative. Mais, lorsque l'imitation se complaît dans la reproduction fictive des choses extérieures, elle est puérile ; aussi, quand

Fabrice se glisse le long de la muraille, des traits de violons abandonnent les triolets et *rampent* dans leurs coulés en sourdine. Plus loin, l'ascension du valet sur le balcon de la belle est imitée par un passage parcourant une *échelle* de deux octaves à la tierce alternée : *sol, si, la, do*, etc.

Montano et Stéphanie est, en quelque sorte, une œuvre de transition, quoique empreinte d'un bout à l'autre d'un sentiment dramatique prononcé. Le côté comique est absent, il est vrai, mais la mélodie fait pressentir Boieldieu ; l'harmonie n'a pas la savante contexture de celle de Méhul ou de Chérubini, mais elle est infiniment supérieure à celle de Dalayrac.

Il est regrettable que le style et la niaiserie des poëmes de cette époque soient un obstacle pour l'exécution complète de certaines œuvres lyriques ; à coup sûr, nous préférons la naïveté vraie, le charme ingénu des pièces antérieures à la révolution. Là, au moins, la simplicité musicale s'allie à ravir avec le ton du libretto : point de disparates, de sensiblerie philosophique, point de phrases comme celles-ci (Salvator) : *Quand on fut toujours vertueux, on aime à voir lever l'aurore !* Etre condamné à prendre de pareilles platitudes au sérieux et à les mettre en musique !

Ce fut en partie à cause de ce passage du prêtre

et de la cérémonie nuptiale dans l'intérieur d'une église, que l'interdiction pesa sur l'opéra de Berton, après la troisième représentation, et pendant deux années consécutives.

Le concordat n'était pas encore proclamé, le levain jacobin fermentait dans quelques têtes ardentes, les insignes du culte suffisaient pour soulever de vieilles haines, le parterre n'avait pas l'urbanité de celui de nos jours; maintes fois, il se livrait à des manifestations indignes.

C'était le beau temps des apostrophes de la salle à la scène, des quolibets, des rixes, des injures et du sac de l'orchestre, des banquettes, etc. Une portion du public s'indigna à la vue d'un prêtre et des attributs ecclésiastiques; Berton, mandé chez le chef de police, allait se voir accusé de chouannerie pour avoir mis en scène un prêtre honnête homme. « Mais citoyen, dit-il au farouche employé, je croyais que la musique... — C'est justement en ce point que tu es coupable; car tout ce que chante ton cafard est excellent, et, sans la force de mes sentiments républicains, je me serais laissé toucher par tes accords aristocratiques... Va, jette ton ouvrage au feu, et sois heureux d'en être quitte à si bon marché. »

Heureusement pour Berton, les événements marchèrent rapidement : après *Montano et Stéphanie*, il dota l'Opéra-Comique de plusieurs ouvrages; son chef-d'œuvre reprit sa place au répertoire, à côté de ses cadets : la charmante *Aline, reine de Golconde* (1803), *les Maris garçons* (1806), etc.

Nous sommes au seuil du dix-neuvième siècle, et l'éducation du public est encore longue à se faire; il faudra du temps pour l'initier à la connaissance de l'art. Quoi d'étonnant à cela? Le public venait de naître en quelque sorte.

La création du Conservatoire ne pouvait encore produire ses fruits; les acteurs eux-mêmes étaient les fils de leurs propres œuvres. Le chant dramatique avait été obligé de se recruter dans les maîtrises, pour les hommes, avant la Révolution; plus tard, n'importe où; pour les femmes, nulle part.

Chenard, l'un des vétérans de l'opéra-comique, était une formidable basse de lutrin. Il chantait les deux airs de Titsikan, dans *Lodoïska*, de manière à faire crouler la salle. Il manquait de distinction, de méthode (où pouvait-il en trouver?); mais on ne lui demandait que de la voix à pleins poumons.

Nous allons parcourir la période impériale et donner un coup d'œil à tous ces interprètes de notre genre national; à ces compositeurs qui disparaissent, à ceux qui arrivent; à cette époque où le théâtre le plus démocratique, de l'origine la plus plébéienne, de l'extraction la plus roturière, l'héritier de la foire Saint-Laurent, en un mot, de par l'empereur-roi, obtint son titre de noblesse, et de vassal devint suzerain.

Si l'on songe aux perturbations profondes que subissait la société, aux secousses incessantes qui l'agitaient, on se prend à regretter encore plus amèrement la perte de cette liberté dramatique qui, aux plus mauvais jours, avait cependant donné de si remarquables résultats artistiques. Quoique, après la première effervescence due au décret de 1791, le nombre des salles de spectacle ait diminué, il en restait encore suffisamment pour offrir un contingent considérable de pièces de tous genres. L'année 1797 seule présente un total de DEUX CENT CINQUANTE ouvrages nouveaux représentés à Paris, et, pendant la période de dix années de concurrence entre les théâtres Favart et Feydeau (1791 à 1801), le répertoire de l'Opéra-Comique s'accrut de CENT QUINZE productions.

Nous ne discuterons pas de la valeur de la presque totalité de ces œuvres; la liberté n'octroie pas le génie et ne consacre pas les produits de l'intelligence; mais elle aide à la diffusion des lumières. Par elle s'est infiltré le goût et l'amour du beau dans ce public, alors si orageux et si naïf. Elle l'a façonné invariablement à un besoin impérieux d'œuvres dramatiques; leur multiplicité d'abord, la fréquentation assidue des spectacles ensuite, épura forcément le goût. Des journaux spéciaux furent créés, la critique prit naissance, des discussions s'engagèrent, et tout cela fut la séve de vie qui, d'une part, a élevé le niveau intellectuel et moral du public, et, d'une autre part, a élargi le domaine de l'art.

Bientôt l'homme qui domine le monde, avec cette merveilleuse lucidité qui est une des faces du génie, dégagera les matériaux de la Révolution; il édifiera le Code civil, ses tendances de centralisation le porteront jusqu'à l'absorption même. Après le tumulte révolutionnaire et la mobilité du gouvernement populaire, arrivera l'unification la plus intense du pouvoir; l'équilibre sera juste, une oscillation répondant à une autre.

Après le renversement du Directoire, on pressent que Bonaparte réglementera les théâtres; en attendant, son action se fait déjà sentir au lendemain du 18 brumaire.

Nous laissons à nos lecteurs le soin d'interpréter la pièce que nous allons fidèlement citer; il est curieux de voir l'autorité s'émouvoir de productions dramatiques tout en sa faveur, mais dans lesquelles planent des souvenirs qui trahissent son origine. Or donc, comme cela est d'un invariable usage après chaque événement politique, les théâtres célébrèrent le coup d'État de Saint-Cloud. Le théâtre Favart représenta une petite allégorie de circonstance, composée par Sewrin et intitulée *les Mariniers de Saint-Cloud.*

Dans cette bluette, on voyait des canotiers chantant, le verre en main, les jours prospères qui leur sont promis; un homme aux yeux hâves, à la houppelande sale, une pipe à la bouche, un bâton à la main, les regarde obliquement en grommelant: *Ça n' durera pas toujours.* Il s'éloigne, quand tout à coup l'un des bateliers annonce qu'une dame, se trouvant dans une embarcation qui s'en allait à la dérive, appelle du secours. Un militaire apparaît pour la sauver, quand Noireau, l'homme sinistre, jaloux et irrité de la sympathie qui semble exister entre la dame et le *guerrier*, va assaillir ce dernier; mais la barque a tourné et le vaurien tombe à l'eau :

> Aux cris joyeux de mill' gens accourus
> Les deux voyageurs sont reçus,
>   On ne les quitte plus.
> La dame s' nomme *la France,*
> Le guerrier... son nom, je pense,
>   Vous est bien connu.
> A ce héros qu'on n'a jamais vaincu,
>   Honneur, gloire et salut!

> Le r'pos nous est rendu,
> L'espoir du méchant est déçu, –
> Les factieux ont vécu ?

Nous n'insisterions pas sur une semblable banalité, si elle n'avait donné lieu à un acte de l'autorité qui donne un aperçu des tendances nouvelles. Huit jours après la chute du Directoire, le ministre de la police adressa aux administrateurs de l'Opéra-Comique la lettre suivante :

« La révolution du 18 brumaire, citoyens, ne ressemble à aucune de celles qui l'ont précédée ; elle n'aura point de réaction, c'est la résolution du gouvernement. Si les factions persécutent, lorsqu'elles obtiennent l'une ou l'autre quelque léger avantage, la république, lorsqu'elle les écrase toutes, triomphe avec générosité. Une pièce intitulée *les Mariniers de Saint-Cloud* a été jouée sur votre théâtre ; l'intention en est louable sans doute, mais trop de détails rappellent amèrement d'anciens souvenirs qu'il faut effacer. Quand toutes les passions doivent se taire devant la loi, quand nous devons immoler au désir de la paix intérieure tous nos ressentiments, et que la volonté de le faire est fortement exprimée par le peuple et par ses magistrats ; quand ils en donnent le touchant exemple, il n'est permis à personne de contrarier ce vœu. Vous y obéirez, citoyens, et j'augure assez bien de

votre patriotisme pour croire que vous ferez, sans que je vous en donne l'ordre, le sacrifice de votre pièce, puisque la tranquillité publique vous l'impose.
Fouché.

« 24 brumaire an XII. »

XI

Aspect des troupes Favart et Feydeau.— Le répertoire.— *Le Voyage d'Épernay* et *les Deux Journées*.—Vues d'avenir.— L'Empereur. — Nicolo, Spontini, Boieldieu, Auber.— Les poëtes de l'Empire. — Les comédiens.— L'école française se constitue.— Lesueur.— L'autocratie lyrique.— *Le Calife de Bagdad.*— Le sentiment de la nature.— Une soirée chez le Premier Consul.— Il signor Fiorelli. — *L'Irato.* — Influence de l'affiche en 1801. — Organisation du théâtre Feydeau. — On devine l'abrogation de la liberté dramatique.

La lutte entre les deux théâtres rivaux existe encore; mais la salle Favart l'emporte sur son émule, et par le mérite musical du répertoire et par une troupe plus complète. Martin, le merveilleux baryton; Elleviou, ce baryton devenu l'élégant ténor; Chénard, la basse-taille; Gavaudan, l'acteur intelligent; Solié, compositeur lui-même, qui remplissait avec tant de distinction les rôles de *père noble;* Dozainville, Philippe, Saint-Aubin, des *utilités* de mérite; Mmes Dugazon et Saint-Aubin, les spirituelles actrices, formaient un ensemble qui dépassait de beaucoup en valeur celui de la troupe Feydeau. Celle-ci comptait alors dans son sein le ténor Gaveaux, Lesage, un excellent *trial*, à la fois acteur et violoniste ; le bon vieux Rezicourt, un comique vrai et sans charge ; Juliet, un *laruette;* Georget, Fay, etc.; Mme Scio, une cantatrice à la voix un peu ténue peut-être, mais possédant le feu sacré, le diable au corps, comme disait Voltaire ; son jeu pathétique, l'expression de ses traits en faisaient une actrice accomplie ; la jolie et gentille Mme Gaveaux ; puis Mlles Auvray, Desbrosses, etc.

Pour contrebalancer l'influence du théâtre Favart, Feydeau, à défaut de chanteurs émérites, eut recours à l'attrait d'un répertoire littéraire et d'acteurs du Théâtre-Français. Monvel, Fleury y apportaient leur talent, Grandménil s'y incarnait dans le rôle d'Harpagon, Ducis y donnait sa tragédie de *Macbeth,* Beaumarchais son drame d'*Eugénie,* Picard sa comédie du *Collatéral ou la Diligence de Joigny;* Mlle Mars y fit ses premiers débuts en 1795, alors à peine âgée de seize ans, grâce à la bienveillante et intelligente protection de Mlle Contat, qui avait pressenti l'incomparable Célimène.

Cependant, le 23 brumaire an IX, un anonyme imagina de réunir des fragments épars de différents compositeurs, en leur donnant pour cadre un imbroglio de sa façon. Cet essai subit un complet échec ; il portait le titre de : *le Voyage d'Épernay,* opéra-comique en un acte, musique de Haydn,

Cimarosa, Paësiello, Vicenzo, Martini et Fabrici. Beaucoup de noms et de bien grands pour un petit acte; mais il est permis de douter de l'authenticité de ces miettes du génie ramassées par un faiseur. Enfin, voilà Chérubini dotant Feydeau de son opéra-comique *les Deux Journées*, ce chef-d'œuvre exquis, d'une perfection racinienne.

Nous pensons que nos lecteurs ont déjà pu se former une opinion assez arrêtée sur la valeur des poëmes de cette époque, pour qu'il soit inutile de retracer la fable tissée par l'inappréciable et vertueux Bouilly. Un ennemi de Mazarin poursuivi, arrêté, puis sauvé par un Savoyard reconnaissant, ni meilleur ni pire que beaucoup d'autres.

Quant au compositeur, il n'y a pas une page de faible dans sa partition; la savante *architecture* des morceaux se dérobe sous la pureté mélodique de la phrase. Rappelons-nous l'excellente critique d'A. Adam, et ne cherchons pas dans Chérubini la note passionnée, le cri de l'âme, la rêverie, le mystère, le rire sonore, la verve étincelante; non, il ne possède pas ces qualités suprêmes, ou plutôt son époque ne les connaît ni ne les ressent encore. Seul, Méhul touchera à l'émotion vraie, au pathétique dans la simplicité; il sera peintre et poëte, sans cesser d'être *musical;* il animera un feuillet biblique de toute la magie d'une légende divine.

Ce sera tout.

Malgré les nombreux et incessants encouragements que l'Empereur donna aux sciences, aux lettres et aux arts, les résultats ne répondirent pas à ses efforts. Pliée sous une volonté suprême, la nation vivait de la vie d'un seul homme, la puissance de son génie semblait avoir absorbé toutes les autres. Quand la nature a produit de tels géants, elle est frappée de stérilité pendant quelque temps.

A part Spontini avec *la Vestale* et *Fernand Cortez*, et Méhul qui écrit *Joseph*, il ne reste plus que Nicolo. Cet aimable Maltais débuta en 1799 par *le Tonnelier*, une œuvre insignifiante ; il écrivit successivement une vingtaine d'opéras-comiques ; jusqu'en 1814, sa manière conserve un aspect musical très-borné. Nicolo Isouard est le compositeur de la période impériale ; sa mélodie facile, mais mieux frappée que celle de Dalayrac, — lequel commençait à se lasser et qui mourut en 1809, — son instrumentation claire et peu chargée, la franchise de ses rhythmes, sa gaieté réchauffée par un des rayons du Midi, convenaient à un public fatigué des émotions civiles. A part deux ou trois opéras, Berton n'occupa pas la scène comme Isouard ; quant à Boieldieu, son admirable génie ne se déploiera dans tout son éclat qu'après son retour de Russie, en 1812.

Boieldieu participera, sous la Restauration, au prodigieux mouvement intellectuel qui fit de cette époque une seconde Renaissance, avec l'ardeur des luttes artistiques en plus. Comme un fleuve qui s'en va sans cesse s'élargissant, enrichi par une multitude d'affluents, mais conservant toujours la saveur de sa source, Boieldieu résumera une des plus belles expressions de l'opéra-comique. Il lui conservera ses qualités natives, à savoir : l'esprit et la vérité des caractères ; mais il lui donnera en plus un certain charme attendrissant, des effluves mélodiques d'un grand souffle ; il aura gardé de son maître Méhul un peu de sa richesse harmonique, mais il ne se soustraira pas à l'influence de cet astre radieux nommé Rossini !

Boieldieu a versé son cœur, sa rêverie, son harmonie colorée, dans le cadre exigu de Nicolo; et comme tout s'enchaîne dans l'histoire et se coordonne dans les progrès de l'art, Boieldieu présente à la postérité ce pauvre Hérold, ce Bellini et ce Weber français, qui, lui, versa non son cœur, mais son âme ardente et son génie dans l'opéra-comique.

A côté de ce puissant et harmonieux rameau s'en est élancé un autre, sorti de l'école de Chérubini, mais butinant dans son génie une inépuisable fécondité. Cet héritier de Grétry et de Nicolo imprima à notre genre national un caractère particulier. Il continua, en l'exagérant, ce sillon tracé plutôt pour la gaieté que pour le sentiment ; sa musique est en quelque sorte la quintessence de la coquetterie et de l'esprit, fine, moqueuse, élégante, effleurant la passion de crainte de troubler son imperturbable sérénité, brillante et taillée à facettes par un lapidaire qui sait déguiser habilement l'art avec lequel il sertit ce diamant; elle est moins que française ou plus, selon le point de vue auquel on se place; elle est parisienne. Nous avons nommé notre illustre Auber.

Oui, ces trois grands noms : Boieldieu, Hérold, Auber, s'associèrent au mouvement artistique et littéraire de la Restauration, et le complétèrent dans la mesure de leur génie. Rossini, Bellini, Weber, Beethoven, Schübert, lord Byron, Chateaubriand, Delacroix, de Lamennais, George Sand, les drames shakspeariens, Frédérick et Mme Dorval, Casimir Delavigne, l'auteur des *Messéniennes,* Lamartine, le poëte des *Méditations*, et Hugo, celui des *Orientales,* Paganini, Liszt, Berlioz, toute la pléiade du romantisme, toutes les plumes ardentes, tous les enthousiasmes juvéniles furent le milieu qui porta ses reflets dans le genre auquel nous consacrons ces lignes.

Manuel, Paul-Louis Courier, Benjamin Constant,

Béranger, étaient l'émotion du jour, quand un nouveau drame était celle du soir.

Maintenant, puisque notre devoir nous oblige à revenir sur nos pas, quelle était l'atmosphère où la muse de Nicolo pouvait s'imprégner? L'abbé Delille cultive le lyrisme descriptif dans *les Jardins*, Esmenard se lance dans *la Navigation*, avec une cargaison de lieux communs, Ducis *arrange* Shakspeare, Andrieux badine, Legouvé commet *Épicharis* et *Néron, la Mort d'Abel* et *le Mérite des Femmes;* David, après avoir dispersé les peintres *galants* du dix-huitième siècle, imprime l'excès de sa sévérité académique à ses élèves : cependant Prudhon, Gros et Géricault s'en éloignent ; le *pindarique* Lebrun aligne ses odes, Désaugiers chante « le vin, l'amour et les belles, » Planard, Dupaty, Étienne, Picart, Pixérécourt, le mélodramaturge, Bouilly, complètent le cortége.

Seuls les théâtres florissaient; nous disons les théâtres et non l'*art dramatique*, car à part cinq ou six ouvrages qui sont restés, rien n'a survécu. Mais il existait à cette époque un ensemble de comédiens et de chanteurs, qui a été rarement égalé. L'Opéra avait Lays, Nourrit le père, Dérivis et cette admirable Mme Branchu et Mlle Maillart, sans compter Vestris et Gardel; le Théâtre-Français se retrempait dans Corneille et dans Molière avec

Talma, Lafont, Saint-Prix, Fleury, Baptiste; Mmes Mars, Georges, Raucourt, Duchesnois, Volnay, etc. L'Opéra-Buffa offrait le plus illustre et le dernier des *sopranistes*, le fameux Crescentini, et révélait ce rossignol d'or appelé Mme Catalani; enfin le théâtre de l'Opéra-Comique entrait dans une voie prospère, soutenu par les deux chanteurs inimitables, Martin et Elleviou, Mme Saint-Aubin et ses filles, la charmante cantatrice Mlle Regnault, etc.

La création du Conservatoire était désormais fortement constituée. Le chanteur Despéramonts et Mlle Regnault furent les premiers lauréats de notre école nationale qui débutèrent à l'Opéra-Comique; puis vinrent Ponchard et Mme Boulanger. Dès l'année 1803, l'Institut décerne des prix de Rome; l'instruction musicale s'organise.

Catel dégage avec une remarquable lucidité tout ce que l'harmonie avait de diffus jusque-là; les élèves du Conservatoire, dans des *exercices* souvent renouvelés, participent à l'exécution des chefs-d'œuvre symphoniques.

La création, ou plutôt le rétablissement de la chapelle impériale, fut de la part de Napoléon un bienfait inappréciable en faveur des progrès de la musique; après le culte de la Raison et des théophilanthropes, cette mesure releva l'art musical religieux ; il retrouva dans des aspirations idéales ces ailes de flamme par lesquelles la foi se rapproche du Tout-Puissant. Les premiers accents de la musique n'ont-ils pas été les chants d'adoration et de louanges dont le Psalmiste faisait vibrer sa harpe d'or? *Cœli enarrant gloriam Dei!* Les majestueuses et colossales conceptions de Handel, les hymnes suaves de Pergolèse, les cantiques douloureux de Mozart, n'étaient-ils pas l'embrasement de l'âme de ces génies, qui s'abîmaient en face du trône du Dieu trois fois saint? — Lesueur fut le directeur de cette chapelle ; nous avions glissé jusqu'à présent sur ce nom célèbre, parce que sa part dans l'œuvre dramatique est secondaire.

Il a écrit *la Caverne*, dans la voie et le style de Méhul et Chérubini; il n'a nullement modifié le caractère de l'opéra-comique d'alors. Plus tard, un immense succès lui valut des distinctions publiques de la part de l'Empereur; nous parlons de son grand opéra d'*Ossian ou les Bardes* (1804). Cette œuvre, aux chants larges et soutenus, aux proportions magistrales, est aussi écrite dans la manière adoptée par Gluck. Le souci de la déclamation y prend une grande part comme dans toutes les productions de cette époque. Spontini, dans *Olympie*, et Chérubini, dans *les Abencerages*, ont été les derniers représentants de cette école.

La gloire de Lesueur restera tout entière dans son répertoire religieux.

Nourris de cette musique substantielle et parfois trop scolastique, les élèves du Conservatoire en arrivèrent à l'exagération. De cette tendance naquirent ces pamphlets, ces luttes ridicules contre l'inspiration rossinienne.

Il semble que l'autocratie politiqe ait réagi dans le domaine lyrique. Deux ou trois compositeurs tenaient les aboutissants des scènes musicales, quant au théâtre de l'Opéra-Comique, il était régi d'une façon si singulière, qu'à part « *nous et nos amis,* » personne ne pouvait en franchir le seuil. Nous donnerons plus loin un aperçu de cette administration.

Ce fut donc en partie dans ce milieu que Nicolo occupa presque seul l'Opéra-Comique. Cependant, peu après *les Deux Journées* de Chérubini, Boieldieu donne *Beniowski,* où, malgré quelques chœurs vigoureux et pleins de fierté, son individualité s'efface sous la pression du *grand style*. Mais, voilà que l'année même de la réunion des deux théâtres Favart et Feydeau, son génie jette sa première lueur dans *le Calife de Bagdad*. Plus de *sept cents* représentations ont consacré le mérite de ce charmant ouvrage.

Certes, aujourd'hui, ce titre plein de promesses

féeriques trouverait sans doute un peintre qui rendrait visibles les songes dorés des *Mille et une Nuits*. Le mystérieux langage de la nature, le sussurement alangui des fleurs sous un souffle embaumé, les aubes blanchissantes, les minarets reflétés dans l'azur par des prismes magiques, les voluptueuses almées dansant au son de la guzla, toutes ces visions, tous ces rêves ouvrant les portes de l'Orient, auraient peut-être été rendus palpables.

N'accusons point Boieldieu de n'avoir pas réalisé cette perspective poétique ; le sentiment de la nature ne s'est fait jour que plus tard. Les œuvres premières s'adressent toujours à l'homme et à ses passions, *l'âme* du monde extérieur n'est entrevue que longtemps après.

A la suite de l'affaiblissement de la peinture religieuse et historique est survenue la grande révélation du paysage. On entrevoit cependant dans *le Calife de Bagdad* une couleur nouvelle ; nous ne citerons que l'adorable chœur de jeunes filles offrant des fleurs et des cadeaux à Zétulbé de la part du Califé : « *C'est ici le séjour des grâces.* » Le parti pris de l'emploi du hautbois et de la clarinette donne à l'instrumentation de cette page ravissante un aspect tout nouveau. Nous citerons encore une scène bien conduite, c'est celle du trouble, dans lequel l'incognito du Calife met la jeune Zétulbé et sa mère Lémaïade, et un air de la suivante Késie : « *De tous les pays, pour vous plaire, je saurai prendre le ton,* » où se trouvent ingénieusement et comiquement intercalés des roulades et des points d'orgue italiens, un boléro espagnol, une écossaise, une valse allemande et une polonaise. *Le Calife de Bagdad* rappelle un peu Grétry avec plus d'euphonie, plus de grâce mélodique et moins de vérité d'accentuation.

Le retour vers la musique simple prenait décidément l'aspect d'un entraînement irrésistible. Déjà quelques reprises de l'ancien répertoire de la Comédie-Italienne s'étaient produits avec succès : *Don Serioso* lui-même (Méhul) conçut alors la pensée d'écrire quelque chose d'exclusivement mélodique.

Dans les premiers jours de l'année 1801, vers dix heures du soir, les salons du Premier Consul étaient animés par tout ce que l'époque comprenait d'illustrations : Junot, Berthier, Masséna, Bernadotte y coudoyaient Laplace, Cuvier, Fontanes, Parceval-Grandmaison, Garat, Vestris le *diou de la danse,* Méhul, etc., etc. Entre un air de Cimarosa et de Paësiello et une contredanse, Bonaparte s'approcha de l'auteur de *Stratonice,* et, de ce ton bref et familier qui le caractérisait, lui dit :

— Et quand ferez-vous faire à la musique la campagne d'Italie? — A bientôt, général, j'y songe.

En effet, à quelques mois de là, il n'était bruit que d'un nouvel opéra-comique dû, disait-on à un jeune maestro que l'on nommait tout bas *il signor Fiorelli*. — L'œuvre annoncée portait le nom de *l'Irato* (l'Emporté). On devine que c'était un défi porté à l'école italienne par Méhul.

Tel était l'étrange parti pris des compositeurs illustres de la France à cette époque, qu'ils n'admettaient que comme des puérilités tout ce qui n'entrait pas dans le cadre harmonique et savamment tissé qui constituait l'école française. Par un étrange aveuglement, Méhul s'imaginait découvrir des *procédés* immuables pour écrire de la mélodie. Un motif bâti sur deux accords, travaillé et présenté sous plusieurs formes, lui paraissait être la clef pour faire un calque symphonique à la manière du *bonhomme* et inépuisable Haydn, ou lyrique à la manière des Italiens. Sous l'empire de ces idées, et à la suite de son entretien avec le Premier Consul, si fanatique de la musique transalpine, il fit représenter *l'Irato* au mois de février 1801.

« O influence de l'affiche ! » comme disait Beaumarchais, le public savoura à longs traits cette mélodie de calcul. Le Premier Consul applaudit de toutes ses forces en disant : « A la bonne heure !

voilà de la mélodie ! il n'y a que les Italiens pour faire de la musique comme cela ! » — Nous vous laissons à penser quel fut l'étonnement, lorsque le véritable nom de l'auteur fut annoncé. Bonaparte fut un instant très-courroucé contre « le tour » que Méhul lui avait joué. En vérité, dans cet opéra, savamment travaillé, sous des formes italianisées plutôt qu'italiennes, il fallait être Napoléon pour ne pas reconnaître Méhul.

Un an plus tard, dans une *Folie*, le célèbre compositeur continua son étrange système ; on était à l'époque où des modifications importantes s'étaient faites et se préparaient dans le domaine administratif des théâtres. Nous allons tracer les différents linéaments de ce changement de vie théâtrale.

Suivant un acte du 7 thermidor an IX, les deux troupes Favart et Feydeau se constituèrent en une société unique pour l'exploitation du genre de l'opéra-comique. Une clause spéciale avait pour but la création d'une caisse de retraite au moyen de prélèvements opérés chaque année sur les appointements. On sait déjà que l'ouverture de cette nouvelle exploitation eut lieu, salle Feydeau, le 16 septembre 1801. En juillet 1804, on retourna à Favart pour revenir définitivement à Feydeau l'année suivante.

Dès le mois d'avril 1800 commence à se manifester l'action gouvernementale dans les théâtres. Un arrêté du ministre de l'intérieur an VIII, adressé aux préfets, disait : « Les spectacles ont attiré la sollicitude du gouvernement. C'est témoigner au peuple intérêt et respect que d'éloigner de ses yeux tout ce qui n'est pas digne de son estime, et tout ce qui pourrait blesser ses opinions ou corrompre ses mœurs... Désormais, les seuls ouvrages dont j'aurai autorisé la représentation à Paris pourront être joués dans les départements. » La petite république Feydeau était en pleine voie de prospérité, quand survint le décret du 6 frimaire an XI, plaçant les théâtres sous la surveillance des préfets du palais. M. Fontaine de Cramayel, introducteur des ambassadeurs, fut le premier surintendant de Feydeau ; en 1805, il eut pour successeur M. Auguste de Talleyrand, chambellan de l'empereur. Une série de décrets se suivirent dans le but de réglementer les théâtres jusqu'à celui du 29 juillet 1807, qui supprima la loi de 1791.

Nous allons suivre en temps et lieu cette progression autocratique, mais auparavant, il est juste de jeter un coup d'œil sur l'état de l'opinion publique au lendemain de la réunion des deux théâtres, et de la manière dont on envisageait la question de l'exploitation théâtrale.

Les bienfaits de la liberté dramatique, — malgré quelques écarts inévitables, — avaient été incontestables ; cependant l'impulsion irrésistible vers un ordre de choses qui tendait sans cesse du côté de la centralisation, emportait les esprits dans des considérations nouvelles. En 1801, l'on pressentait déjà l'abolition de la liberté théâtrale.

A ce sujet, il n'est pas sans intérêt de lire les réflexions émises dans l'*Année théâtrale* de 1801 : « Les théâtres Favart et Feydeau, successivement fermés, ont été obligés de se réunir, et le discrédit qu'ils ont éprouvé n'a atteint aucun de ces tréteaux où des baladins subalternes fondent leurs succès. L'autorité paraît s'être beaucoup occupée de cet état de dépérissement de nos premiers spectacles. Les hommes éclairés qu'elle a chargés du soin de prévenir la chute de quelques-uns de nos spectacles ont jusqu'à ce moment reconnu que la voie de réunion est la seule praticable; mais, *autour d'eux*, au lieu du mot de réunion, *on fait entendre* celui de *privilége. On* parle de rendre au théâtre ses anciennes entraves, *le bien* qui doit résulter pour l'art et le public de la révision des théâtres, est une seconde fois en problème, et l'on a déjà dit *officieusement* qu'à l'exception de *quelques abus,* le régime des gentilshommes de la chambre était *très-bon;* on semble n'avoir plus à s'occuper qu'à chercher des *gentilshommes*. Sans doute on a abusé de la liberté que la Révolution a donnée sous tous les rapports, et, par conséquent, sous trop de rapports, à tous les spectacles : mais dans quel genre, dans quel lieu, dans quel temps, n'a-t-on pas abusé de cette liberté? Faut-il *la perdre entièrement* et tomber dans l'excès opposé, *recourir à l'arbitraire*, dont on *abuse aussi?* On pourrait s'élever avec quelque fondement contre le nombre illimité des spectacles ; des raisons de police, de sûreté, d'intérêts locaux, peuvent ici être admises. Mais quant à la liberté des théâtres, compris dans le nombre qu'on peut fixer, cette liberté bien entendue, c'est-à-dire la liberté de genre, semble être un principe salutaire et incontestable. C'est elle qui, *dégageant* nos théâtres *du cercle étroit dans lequel ils étaient renfermés*, a opéré la révolution musicale dont nous avons été les témoins. C'est elle qui nous a rendus dépositaires des richesses de l'Italie, c'est elle qui nous a, presque malgré nous, associés à cette admirable école ; c'est elle qui, sur des théâtres du deuxième et du troisième ordre, a produit des représentations qui ne manquent ni de soin, ni de règle, ni d'ensemble, ni de goût ; c'est elle enfin que réclamait, avant la Révolution, l'esprit indépendant des auteurs dramatiques, fatigués des lenteurs des comédiens privilégiés, rebutés par leurs refus, dégoûtés par d'injustes préférences. Quant à la multiplicité des salles, nous avons reconnu déjà que c'était un droit de haute police; mais ce n'est pas par des priviléges qu'on peut parvenir à une limitation. Si l'argent ou la faveur peuvent en faire accorder, les spectacles se multiplieront à l'infini. La règle à suivre ne doit se trouver que dans la proportion, très-facile à déterminer, entre la population de notre grande cité et le nombre des spectacles qu'elle doit renfermer.

« C'est, en effet, la population qu'il faut considérer avant tout ; c'est elle qui fournit l'argent et les spectateurs. Que les spectacles, libres dans leur genre, limités dans leur nombre, n'excèdent pas la proportion que la population peut admettre, et le succès de chaque entreprise est assuré. On garantit les artistes, les auteurs, les entrepreneurs, on les sert dans leur intérêt véritable, et l'art dans ses progrès réels. En un mot, ni indépendance absolue ni priviléges exclusifs ; c'est à ce terme moyen que paraît être attaché le sort des grands établissements qui sont une partie essentielle de la gloire et de la prospérité nationale. »

Ne s'aperçoit-on pas déjà, par cet exposé de principes mitigés, de la prochaine défaite de la liberté?

XII

Les comités de Feydeau. — Camerani. — Reprise du *Déserteur*. — Un différend administratif. — Mme Duret, MM. de Cramayel et Gavaudan. — Mme Desbordes-Valmore. — Création des prix décennaux. — Le couronnement. — Spectacles *gratis*. — La vitalité musicale. — Caractère spécial de l'opéra-comique. — Nicolo et Étienne. — Sens musical sous l'Empire. — Geoffroy.

Voici en quel état se trouvait l'administration du théâtre Feydeau après la fusion et sous la surveillance de M. de Cramayel : un comité administratif composé de cinq membres : MM. Camerani, Rezicourt, Chenard, Martin et Elleviou ; un comité de lecture composé de tous les sociétaires, et un comité d'examen composé de trois membres : MM. Chenard, Rezicourt et Camerani.

Mais, hélas ! ce comité d'examen était un leurre. Pendant un espace de plusieurs années, cette trinité était invariablement représentée par l'homme le plus routinier, le plus tenace, le plus impitoyable à l'égard des nouveaux venus, le régisseur Camerani, à qui incombait l'emploi de semainier perpétuel.

Camerani avait été l'un des plus médiocres *Scapins* de la Comédie-Italienne. Lors de l'arrêt de 1789, qui supprima les canevas italiens, il ne resta que deux acteurs péninsulaires, Carlin et Camerani. Ce dernier s'était fait remarquer par une certaine habileté dans l'administration théâtrale ; il possédait la souplesse, l'intrigue, l'intuition des détails qui conviennent à ces positions, où la franchise se heurte à toutes sortes de finesses et où l'homme à double face prospère.

Italien, dans la mauvaise acception du mot, il était aussi indispensable à la société qu'il était peu aimé de ses camarades. Tout manuscrit devait nécessairement passer sous les fourches caudines de M. le comité d'examen Camerani, et voici comment : Rezicourt, le doyen, était infirme et presque incapable de remplir ses fonctions. Restaient Chenard et le régisseur. Mais ce dernier, afin de s'emparer d'une juridiction toute-puissante, sut rendre son commerce si intolérable avec son collègue, une nature ouverte, loyale, mais en somme un esprit de peu d'initiative, que celui-ci se trouva heureux même d'avoir quelques raisons plausibles pour justifier sa négligence. Camerani ne prenait presque jamais la peine de lire un ouvrage ; huit jours après le dépôt, il rendait régulièrement les manuscrits.

Cependant les recettes abondaient ; mais cela grâce à une initiative que seul un membre administrateur pouvait se permettre. Elleviou chercha à faire valoir son charmant talent de comédien, et surtout la flexibilité et la fraîcheur de son organe, dans l'ancien répertoire. Cette détermination répondit en quelque sorte au sentiment du public, qui depuis longtemps semblait être lassé des fortes conceptions.

Le charme des souvenirs pour les uns, le charme de la nouveauté pour les autres, et par-dessus tout un interprète aimé, donnèrent à presque toutes les reprises un regain de succès et d'enthousiasme qui s'est prolongé jusqu'à nos jours.

Le 18 novembre 1804 reparut *le Déserteur* avec Elleviou (Alexis), Gavaudan (Montauciel), Mme Haubert-Lesage (Louise), Gonthier (la tante). Ce fut, pour ainsi dire, la révélation de l'inimitable ténor; il fut tendre, ému, touchant, respectant le texte et donnant à chaque phrase cet accent de simplicité et de naturel auquel on n'était plus habitué. Les triomphes d'Elleviou datent de cette soirée.

A peu près à ce même moment eut lieu un démêlé administratif qui donne l'aspect de l'intérieur de la société Feydeau. Au mois de mars 1804 avait débuté la fille aînée de Mme Saint-Aubin, Mlle Cécile Saint-Aubin, devenue Mme Duret. Une voix fraîche, juste, une certaine intelligence scénique avaient enchanté les Parisiens, qui pardonnaient de bon cœur à la débutante une vocalisation un peu lourde. Après quelques mois de services, il arriva à la jeune cantatrice un de ces accidents qui mettent si souvent l'organe vocal en défaut. Elle devait jouer, le 15 octobre, dans *Montano et Stéphanie*, quand, surprise par un enrouement très-violent, elle prévint, dès la veille, M. le semainier perpétuel, et se transporta le lendemain chez M. de Cramayel, afin de justifier la demande qu'elle avait faite à M. Camerani.

On n'eut garde de prendre la santé de Mme Duret-Saint-Aubin en considération, et l'on eut soin de maintenir son nom sur l'affiche. Ce procédé, qui plaçait l'actrice dans une position excessivement fâcheuse, l'exaspéra, et le jour de la représentation, à quatre heures du soir, elle envoya sa démission. Le soir, le membre du comité Gavaudan annonça, sans autre commentaire, que Mme Duret ne voulait pas jouer le rôle de Stéphanie, et que sa femme, Mme Gavaudan, le jouerait à sa place. Dans une lettre rendue publique, et datée du 28 octobre 1804, Gavaudan s'efforce de prouver qu'aucun intérêt personnel ne l'avait guidé, et que c'est seulement comme semainier de service qu'il a textuellement fait part au public d'une note du commissaire impérial, M. Campenon, dans laquelle il était dit que, « Mme Duret-Saint-Aubin ayant prévenu à quatre heures qu'elle ne jouerait pas, M*me* Gavaudan, ne consultant *que son respect pour le public, consentait à jouer à sa place ;* » que c'est par mesure d'ordre et de police qu'il *a dû* faire cette annonce ; que ce n'était pas *sa femme* qu'il était chargé de proposer, mais bien une actrice en possession de ce rôle, et qui l'avait joué cinquante fois avec succès avant M*me* Duret.

On conçoit que l'intérêt qui s'attachait aux remarquables débuts de M*lle* Cécile Saint-Aubin faisait un peu pâlir l'étoile de M*me* Gavaudan ; et l'on comprend aussi, à une époque où le public était si jaloux de son autorité, quel effet une annonce semblable devait produire.

A la lettre si simple de M*me* Duret, où elle dit : « J'oserai demander si c'est moi qui ai manqué au public, ou ceux qui se sont obstinés, malgré toutes mes protestations, à laisser mon nom sur l'affiche? Comme on n'a pas voulu écouter mes protestations, j'ai été réduite à envoyer ma démission ; il ne me reste plus qu'à profiter de cette occasion pour témoigner au public ma reconnaissance pour l'extrême indulgence dont il a bien voulu accueillir mes premiers efforts, et réclamer encore ses bontés si, dans une autre carrière, j'étais un jour appelée à lui offrir l'hommage d'un talent qu'il a paru croire digne de quelques encouragements, » les sociétaires répondirent par requête adressée au surintendant de l'Opéra-Comique, dans laquelle ils rappelèrent l'empressement qu'ils avaient mis à attacher au théâtre Mme Duret et les égards qu'ils eurent toujours pour elle. Puis, après lui avoir fait part de la notification par huissier, ils ajoutèrent : « Le comité, voyant *ses intérêts sensiblement lésés* et ses *droits méconnus*, par *l'acte illégal* qu'il a l'honneur de vous transmettre, s'en rapporte à votre justice et se *borne à réclamer*. » Ce document fut signé par Elleviou, Juliet, Chenard, Dozainville, Solié et Martin ; l'astucieux Camerani s'esquiva. On devine l'issue de cette affaire ; M. de Cramayel, introducteur des ambassadeurs et maître des cérémonies, après avoir rappelé l'engagement de Mme Duret, qui portait « qu'en cas de difficultés entre les parties, sur les droits et obligations en résultant, les parties en soumettent volontairement et *irrévocablement* la décision *en dernier ressort* et *sans recours à la cassation* au préfet du palais ayant la surintendance du spectacle ; » considérant qu'après les intentions manifestées par la dame Duret, l'Opéra-Comique ne pouvait plus retirer aucun fruit de ses services ; qu'il est juste d'indemniser les sociétaires ; que l'impunité en pareil cas pourrait établir de fâcheux précédents, arrêta que Mme Duret fût rayée du tableau des pensionnaires, que son engagement fût annulé, qu'elle devait payer comme indemnité une somme égale à une année d'appointements, c'est-à-dire *sept mille francs*. Ce démêlé nous révèle plusieurs choses : 1° le souci qu'avaient les artistes quant à l'opinion et le jugement du public ; 2° la jalousie qui, de tous les temps, a existé entre les acteurs ; 3° l'élévation des appointements accordés à des débutants ; 4° la part que l'autorité avait prise dans les affaires intérieures des théâtres.

En cette même année 1804 eurent lieu les débuts de Mlle Desbordes, qui plus tard fit connaître, sous le nom de Mme Desbordes-Valmore, des poésies remarquées.

La sollicitude du gouvernement impérial pour les arts se manifesta par la fondation des prix décennaux, par décret du 11 septembre (24 fructidor an XI). Voici quelques considérants de ce décret : « Étant dans l'intention d'encourager les sciences, les lettres et les arts, qui contribuent éminemment à l'illustration et à la gloire des nations ; désirant non-seulement que la France conserve la supériorité qu'elle a acquise dans les arts, mais encore que le siècle qui commence l'emporte sur ceux qui l'ont précédé ; voulant aussi connaître les hommes qui auront le plus contribué à l'éclat des lettres, des sciences et des arts, nous avons décrété et décrétons ce qui suit : — I. Il y aura de dix ans en dix ans, le jour anniversaire du 18 brumaire, une distribution de grands prix, donnés de notre propre main, dans le lieu et avec la solennité qui seront ultérieurement réglés... — II. La distribution des prix se fera le 18 brumaire an XVIII (1810). — III. Les grands prix seront, les uns de la valeur de dix mille francs, les autres de la valeur de cinq mille francs. »

Quelques mois après eut lieu à Notre-Dame la cérémonie du couronnement. Le génie surhumain qui éblouissait l'univers, après s'être enveloppé dans la pourpre des Césars, renouvela Charlemagne. Il lui fallut, à ce fier génie, la consécration religieuse avec toutes ses pompes. Quoiqu'on fût alors en plein mois de décembre, l'animation des fêtes publiques fut extrême ; des flots d'un peuple enivré de joie se mouvaient en tous sens. Et quand tous ces prélats, ces cardinaux escortant le Saint-Père se présentèrent à la foule avec leurs chasubles, leurs étoles, leurs mitres, tous ces attributs, naguère proscrits, on eût eu peine à penser, en voyant la multitude s'incliner avec respect, que quelques années auparavant ces mêmes choses paraissaient emportées à tout jamais par l'ouragan révolutionnaire. Les spectacles jouèrent *gratis* ce jour-là ; l'Opéra-Comique donna une œuvre de l'ancien répertoire, une des meilleures de Grétry, *Zémire et Azor*.

En vérité, quand on porte ses regards vers les premières années de ce dix-neuvième siècle, si prodigieux, si étrange, si mouvementé, quand on compare la société d'alors et la nôtre, quand on met en présence la moyenne intellectuelle, le sens critique de cette époque avec le temps présent, il est impossible de ne pas rester stupéfait à la vue des espaces parcourus. Que les horizons étaient bornés! que de jugements, que de vues étroits!

Mais cela, eu égard à la musique, était inévitable : elle venait de naître seulement à la vie publique ; les chemins étaient à peine déblayés. Les magistrales conceptions de Méhul, Chérubini, Lesueur, etc., n'ont jamais répondu au sentiment *vrai* du public; elles ont été un bien pour l'art, en ce sens que les générations modernes y ont puisé des richesses inconnues auparavant. Hélas! l'opéra-comique surtout vieillit, s'use, tombe en poussière d'autant plus vite que l'étincelle céleste ne colore pas le milieu dans lequel il se meut. Le terre-à-terre, — qui semble être son élément, — le tue, à moins qu'il n'ait le sourire ému de Monsigny, le comique finement observé de Grétry, le pathétique émouvant de Méhul, la grâce poétique de Boieldieu, l'exquise coquetterie d'Auber, la passion d'Hérold,

Oui, le talent qui fait survivre les poëtes ne suffit pas même à la célébrité viagère du compositeur. La langue des sons se renouvelle avec une rapidité fantastique. Que d'ouvrages applaudis hier, ridés aujourd'hui ! comme la décrépitude atteint rapidement ces œuvres collées servilement et platement au goût d'une époque !

Ah ! ne nous méprenons pas, ce cadre *bourgeois* de l'opéra-comique est plus difficile à remplir qu'on ne pense. Il y faut du tact, un goût fin et délicat, une émotion vraie, du rire sans bouffonnerie, le trait qui dessine un caractère, la couleur qui vivifie une situation, la tendresse, l'imagination qui transforme la prose vile en poésie rêveuse ou ailée !

Nicolo, ce *chansonnier* de l'Empire, malgré ses qualités, qui respirent le terroir de la muse gauloise, n'a pas empreint son œuvre de ce cachet indélébile qui défie le temps. Sa mélodie est mince, fluette ; son harmonie correcte enveloppe une phrase guindée ne dépassant pas le *joli;* mais aussi quels poëmes offerts par Étienne à son collaborateur ! Comme les types naïfs de Favart et de Sedaine étaient plus entourés de charme ! Quels insipides Dorlanges minaudant des épigrammes en style académique ! O Rose et Colas, Isabelle et Pierrot, que vous êtes toujours jeunes à côté de ces radoteurs d'épîtres, ces bonshommes hochant la tête et fredonnant un couplet en style de confiserie !

La critique ne se rendait compte que fort confusément du mouvement musical qui s'affirmait d'année en année. On ne savait encore comment définir l'opéra-comique. L'initiation lyrique ne s'opérait que lentement dans la foule. On en était presque encore à la théorie de Grimm scalpant le poëme et effleurant la musique. Cependant le genre tempéré était devenu l'une des colonnes de l'art ; des interprètes éminents, de talents variés, abondaient. « Tous les artistes, avec un filet de voix et quelque tournure, disait Geoffroy, se jettent dans le drame lyrique ; c'est la partie la plus lucrative, celle qu'on adopte presque exclusivement dans toutes les provinces : l'*opéra-comique* s'est élevé sur les ruines de la tragédie et de la comédie, qui n'ont presque plus d'asile que dans la capitale. »

Avec Méhul, l'opéra-comique avait élargi son domaine, secoué ses langes taillés par Duni ; l'ariette avait disparu. Aussi voyez avec quelle stupéfaction la critique envisageait cette transformation, comme ces quelques lignes donnent bien le *diapason* du dilettantisme de l'époque ! C'est toujours Geoffroy qui parle : « L'opéra-comique a beaucoup perdu en *rompant l'équilibre,* en donnant à la musique une *prépondérance trop marquée,* en parlant aux sens plus qu'à l'esprit : les sens s'émoussent promptement, et l'oreille est bientôt fatiguée quand l'âme se repose. De *bonnes pièces bien jouées*, ce *doit* être là *l'essentiel pour ce théâtre*. La musique n'est qu'un *ornement*, un ACCESSOIRE *agréable ;* la plus naturelle et la plus simple, la mieux adaptée aux situations, la plus antique, sera toujours la meilleure ; les colifichets modernes ne sont point de la musique, et ne peuvent avoir qu'un moment de vogue... On ne doit jamais oublier qu'à l'Opéra-Comique, comme sur tous les théâtres chantants, la musique n'a que le *second* rang, ou plutôt que la musique n'a de valeur qu'autant qu'elle exprime quelque chose, qu'il faut jouer ce que l'on chante, et qu'il est encore *plus essentiel* de le *bien jouer* que de le bien chanter. » Heureusement que le génie plane dans la postérité au-dessus de l'esprit étroit de ces aristarques barbouillés de sophismes et de présomption !

XIII

L'atmosphère artistique. — Mme de Staël et Chénier. — Sophie Arnould. — Reprise de *Richard Cœur de lion*. — Autres reprises. — Le genre ossianique. — *Uthal*. — Réglementations théâtrales. — Suppression de la liberté dramatique. — Nombre des théâtres en 1807. — *Joseph en Égypte*. — *Les Rendez-vous bourgeois*. — Répertoire des élèves du Conservatoire. — Beethoven jugé par un musicien de l'Empire. — L'Empire. — Événements divers à Feydeau. — *Le Diable à Quatre*. — Pièce de vers. — Les raisons d'État. — 1810. — *Cendrillon*. — Les recettes. — Les prix décennaux. — Le jury et les mirmidons.

La société se reconstituait sous la toute-puissance de Napoléon, un ordre parfait équilibrait partout le nouvel édifice politique ; il y eut tant de régularité après les tumultes précédents, que cela pouvait presque changer de nom et se nommer discipline. En fait de musique, nous l'avons déjà dit, il y eut beaucoup d'encouragements et de récompenses officielles ; mais cela ne suffit pas à l'art, il vit de tout ce qui l'entoure, il s'imprègne de l'atmosphère qui enveloppe les milieux dans lesquels il se meut ; il lui faut « des ailes, des ailes, » comme dit Ruckert dans sa ballade.

Le véritable foyer intellectuel était représenté

alors par l'auteur de *Corinne* dînant chez Wolfgang Gœthe entre M. et Mme de Schiller, et s'entretenant de Beethoven avec Wieland. Vous souvient-il de cette lettre de M. J. Chénier, adressée à Mme de Staël (27 thermidor an VIII)? « Je sens le besoin de vous entendre. Les têtes de Paris me semblent rangées au ton des gazettes : sécheresse et soumission sans bornes... » Aussi, à part Méhul, créant son sublime *Joseph*, qui renouait la filiation de son style, interrompu un instant par *l'Irato*, l'Empire nous offrira, comme particularité la plus remarquable dans l'opéra-comique, la reprise à peu près totale des œuvres antérieures à la Révolution.

Rien de saillant en 1805, si ce n'est la mort de la célèbre Sophie Arnould, née en 1744, dans la chambre même où Coligny fut assassiné. Cette princesse d'Opéra, dont le nom a eu tant de retentissement à divers titres, fut ainsi dépeinte par son camarade Laïs : « Figure longue et maigre, vilaine bouche, dents larges et déchaussées, peau noire et huileuse, mais deux beaux yeux ; peu de voix, mais beaucoup d'âme ; un jeu charmant, de l'esprit comme un démon, lançant avec un à-propos merveilleux les reparties les plus piquantes. » C'est cette même Sophie qui écrivait ces lignes en date du 13 floréal an X (1801), alors que le mal qui devait l'emporter faisait sentir ses premières atteintes : « Oh ! toy qui sçavait si bien lire dans mon cœur, toi qui sçavait si bien m'entendre, je laisse à ton cœur le soin de deviner le mien. Il est toujours le même pour toy... Ma santé est toujours bien dolorée... Les savants Esculapes Pelletan, de l'hotelle Dieu, et Boyer, de la Charité, ont fait leur visite ; ils trouvent que j'ay à avoir courage et constances... Ça ne devait pas finir com ça. Eh ! Sophie méritais un meilleur sort... Encore la pauvre bette si elle pouvait se lécher... Mais ! berniques... eh bien ! quand je m'en désolerais ! à quoi cela m'avancerait-il ? Ma foy, je prend mon party en braves, au bout du fossé la culbute. Quoi qu'il en soit, je vais me soigner, eh guerire si c'est le bon plaisir de ces messieurs... » Quelle gaieté navrante !

L'année suivante, le 20 mars, reparut, après une interruption de seize ans, *Richard Cœur de lion*. En autorisant cette reprise, Napoléon fit preuve d'un grand sens politique ; il prouva que les souvenirs royalistes ne pouvaient avoir nulle prise sur son œuvre. Jamais Feydeau ne fut assiégé comme ce jour-là ; on se battait littéralement pour entrer dans la place. Depuis longtemps, cette reprise avait été le thème obligé de toutes les conversations ; on était avide d'entendre ce chef-d'œuvre d'une autre époque, de voir Elleviou, l'élégant chevalier, le jeune roué à l'impertinente désinvolture, sous le costume de bure de l'aveugle Blondel. Le succès fut un enchantement. Jamais l'organe velouté d'Elleviou ne trouva des accents aussi pénétrants; Mme Saint-Aubin, ce diamant de l'opéra-comique, qui fut adorable dans Antonio, et Gavaudan, dans le rôle de Richard, avec son masque plein de noblesse, sa tenue irréprochable, son jeu naturel, attirèrent tout Paris à Feydeau. On sait qu'un duc d'Autriche enferma Richard au château de Diernstein ; or, on était au lendemain de la bataille de Wagram, suivie de la paix de Presbourg, et l'on remarqua avec enthousiasme que la décoration qui représente ce château avait été dessinée sur les lieux mêmes où nos vaillants soldats s'étaient illustrés quelques mois auparavant. — D'autres reprises intéressantes sont encore à remarquer : celles du *Roi et le Fermier*, avec Mme Gonthier, la gentille Mme Gavaudan et Elleviou, qui baissa son rôle d'un ton, reprise qui attira un concours immense de spectateurs ; puis celles du *Huron* et de *Sylvain*, avec Mme Scio et Chenard.

Au mois de mai de cette même année, Feydeau suivit un entraînement à la mode : à son tour, il voulut avoir sa pièce ossianique. En 1804, Lesueur avait obtenu son triomphe, à l'Opéra, avec *Ossian ou les Bardes* ; le vent avait tourné du côté des héros écossais, on ne voyait partout que des Oscars.

Les traductions de Letourneur et de Baour-Lormian étaient dans toutes les mains. « J'aime *Ossian*, disait Napoléon, sa lecture inspire des sentiments héroïques ; ses tableaux sont parfois nébuleux, mais sa mythologie, qui peuple les airs de héros, est d'une nouveauté qui plaît à l'imagination. On dit qu'il est monotone et qu'il se répète souvent ; c'est le propre de la mélancolie, qui revient sur la même idée, et je ne lui en fais pas un reproche. » *Uthal*, de Méhul, devait être, selon les prévisions, l'*Ossian* de Feydeau. On sait que le compositeur supprima les parties de violons, afin de donner à son œuvre une couleur locale plus en rapport avec le sujet. On a toujours répété jusqu'à ce jour un mot de Grétry, qui soi-disant renfermait toute la critique de cet ouvrage. Après la représentation d'*Uthal*, l'auteur de *Richard* a résumé ainsi son impression, selon la chronique : « Je donnerais volontiers un écu de six livres pour entendre une chanterelle. » Comme des moutons de Panurge, chacun en a conclu que l'insuccès d'*Uthal* est dû au système prohibitif des violons. C'est déplacer la question. Le compositeur est libre d'employer ou de rejeter les instruments, selon les effets qu'il a l'intention de produire ; qu'importe le chemin, pourvu que le but soit atteint ? Le mot peut être vrai, mais ce n'est pas une raison pour qu'il soit le véritable *criterium* de l'œuvre. *Uthal* a tout simplement disparu, parce que le souffle de l'inspiration lui a fait défaut ; *Uthal* vécut tant que dura l'engouement ossianique. Joué à Saint-Cloud, l'Empereur l'applaudit comme étant un reflet des *Bardes*.

Les bruits qui depuis si longtemps avaient circulé, au sujet de la réglementation des théâtres, se confirmèrent successivement. Le 8 juin 1806 parut le décret suivant : — « I. Aucun théâtre ne pourra s'établir dans la capitale sans l'autorisation spéciale de Sa Majesté, sur le rapport qui lui en sera fait par son ministre de l'intérieur. — IV. Les répertoires de l'Opéra, de la Comédie-Française et de l'Opéra-Comique seront arrêtés par le ministre de l'intérieur, et nul autre théâtre ne pourra représenter à Paris des pièces comprises dans les répertoires de ces trois grands théâtres, et sans leur payer une rétribution qui sera réglée de gré à gré. — V. Le ministre de l'intérieur pourra désigner à chaque théâtre un genre de spectacle dans lequel il sera tenu de se renfermer. — XIII. Tout entrepreneur qui aura fait faillite ne pourra plus rouvrir de théâtre. — XIV. Aucune pièce ne pourra être jouée sans l'autorisation du ministre de la police générale. » Ainsi, on le voit, l'article IV consacre désormais l'ancien théâtre persécuté ; il est le rival de l'Opéra et de la Comédie-Française, qui lui interdirent jadis la parole et le chant.

Le décret de 1806 devait paraître la limite des restrictions, puisqu'il consacrait, en quelque sorte, seules les entreprises qui avaient subsisté, et qu'il plaçait dans le gouvernement la faculté d'accorder ou de refuser des autorisations, selon les besoins de l'époque ; mais il n'en fut pas ainsi. Un trait de plume raya VINGT-CINQ théâtres de Paris ; ils durent se fermer à jamais dans l'espace de *quinze jours*, et sans qu'aucune compensation ne vînt indemniser tant d'entreprises ! Voilà comme s'exprime ce fameux décret du 27 juillet 1807 : « ... IV. Le *maximum* du nombre des théâtres de notre bonne ville de Paris est fixé à huit ; en conséquence, sont seuls autorisés à ouvrir, afficher et représenter, indépendamment des quatre grands théâtres (Opéra, Comédie-Française, Opéra-Comique, Louvois), les entrepreneurs ou administrateurs des théâtres suivants : — le théâtre de la Gaîté, établi en 1760 ; celui de l'Ambigu-Comique, établi en 1772 ; le théâtre des Variétés, boulevard Montmartre, établi en 1777, et le théâtre du Vaudeville, établi en 1792. » Le 15 août suivant, ce décret fut mis en vigueur.

Que l'on songe quelles perturbations dut provoquer cette mesure, quand, l'année précédente encore, DEUX CENTS pièces nouvelles parurent, que, d'après Castil-Blaze, *trente-trois* théâtres florissaient ; que, d'après M. Maurice Bourges, *cent cinquante* petits théâtres bourgeois s'étaient établis de 1798 à 1806, sans compter des *théâtres de café*, où l'on représentait des saynètes : les cafés Godet, Yon, Guillaume, de la Jeune Malaga, de l'Hôtel des Fermes, etc. Les théâtres les plus connus à cette époque s'échelonnaient à peu près dans l'ordre suivant :

Académie impériale de Musique ;
Comédie-Française ;
Opéra-Comique (Feydeau) ;
Théâtre de l'Impératrice (Italiens) ;
Théâtre du Vaudeville ;
Théâtre de l'Ambigu-Comique ;
Théâtre de la Cité (où furent représentées le plus de pièces révolutionnaires ; on y jouait beaucoup d'opéras-comiques, parmi lesquels *Zémire et Azor*) ;
Théâtre-Molière, rue Saint-Martin (également des opéras-comiques, entre autres *la Fausse Magie*) ;
Théâtre-Montansier ;
Théâtre du Marais (vaudevilles) ;
Théâtre de la Porte-Saint-Martin ;
Théâtre de la Gaîté ;
Les Jeunes-Artistes, rue de Lancry ;
Les Variétés-Montansier ;

Le théâtre d'Émulation, rue Notre-Dame de Nazareth ;

Théâtre-Mareux, rue Saint-Antoine ;

Théâtre-Sans-Prétention ;

Théâtre de Thalie, rue Vieille du Temple ;

Théâtre des Victoires Nationales, rue Chantereine ;

Théâtre des Élèves ;

Théâtre de la rue des Martyrs ;

Théâtre-Pittoresque.

Heureusement pour l'art, cette année 1807 apporta sa part de consolation : Méhul donna *Joseph en Égypte*, ce chef-d'œuvre qui domine de sa hauteur le répertoire de l'Opéra-Comique de toute cette époque. Sans esprit systématique, sans recherches calculées à dessein, se retrempant dans la poésie primitive, par cette divination du génie, Méhul a coloré cette touchante légende biblique des tons les plus suaves, de l'émotion simple et grande, de la vérité dramatique dans sa plus pure acception.

Par la magie de l'accentuation mélodique, on revit parmi ces figures poétiques et patriarcales ; on aime, on souffre, on gémit, on maudit, on bénit, avec Joseph, Benjamin, Siméon, Jacob, ce burgrave du désert ; on prie avec les jeunes filles, qui, comme Rébecca, avant de puiser l'eau limpide, chantent les louanges à l'Éternel. Au milieu de tant de beautés de premier ordre qui étincellent dans cette partition, le public ne les apprécia certes pas toutes, mais il ne put se soustraire au charme indicible du sublime air de Joseph : « *Vainement Pharaon dans sa reconnaissance,* » si divinement accompagné par la clarinette et le violoncelle, à la grâce ingénue des couplets de Benjamin, à la fraîcheur, exquise comme une rosée matinale, de la prière des jeunes filles. Le magistral développement des scènes des frères fut également remarqué ; on tressaillit à cette phrase superbe de Siméon, dans laquelle les basses se heurtent si tumultueusement : « *Je suis puni par le Seigneur;* » on admira le chœur : « *Pardonnez-nous, mon père,* » où la voix redoutée du patriarche était en opposition avec les accents suppliants des fils maudits.

Serons-nous l'écho de ces misérables critiques qui accusaient l'auteur d'avoir conçu son œuvre sur un « plan irrégulier, » d'y faire sentir le « travail pénible, » de n'y avoir « pas mis la couleur du sujet, » d'avoir « abusé de combinaisons nouvelles? » A quoi bon ? Ce sont toujours les mêmes et inévitables roquets aboyant contre l'œuvre qui les aveugle. A la suite de la troisième représentation, on jeta sur le théâtre une couronne avec les vers suivants :

Du vertueux Joseph exprimant les malheurs,
Tes chants plaintifs et doux nous arrachent des pleurs;
Aux accents enchanteurs de ta brillante lyre,
On reconnaît le Dieu qui sans cesse t'inspire !

Ce fut Elleviou qui prêta sa voix moelleuse au rôle de Joseph; Gavaudan, le *Talma* de Feydeau, représenta Siméon ; le bon et excellent Solié, qui avait si admirablement joué le médecin dans *Stratonice*, créa avec une supériorité remarquable celui de Jacob, et Mme Gavaudan prêta au personnage de Benjamin le charme de ses traits ingénus et de sa voix agréable. Tel fut le premier ensemble de ce chef-d'œuvre, qui a été plus apprécié en Allemagne qu'en France.

Une bouffonnerie très-réjouissante parut presque au même moment, ce sont *les Rendez-vous bourgeois*, de Hoffman et Nicolo. Cette charge drôlatique, où une nichée d'amoureux extravagants se pourchassent à l'approche de bourgeois ahuris, a toujours eu le privilége de divertir le public; cette pièce est encore aujourd'hui celle qui émoustille le mieux la paresse de son esprit. Que *les Rendez-vous* sont loin du *Tableau parlant !* la musique n'y chante pas, elle chantonne; la phrase glisse sur les paroles et ne creuse rien.

Par quelle étrange contradiction cette amusante saynète n'obtint-elle que peu de succès aux premières représentations ? Nous n'en savons rien ; il semble que ce devait être le contraire qui dût avoir lieu. Voilà ce que dit Raguenau : « La composition aimable et savante de cette pièce a réjoui le public. » Voilà tout ; de son côté, Valleran s'exprime encore plus sèchement : « *Les Rendez-vous bourgeois*, de MM. Hoffman et Nicolo, ont eu *peu de succès.* »

En 1807, les élèves du Conservatoire, dans leurs exercices hebdomadaires, exécutèrent pour la première fois des symphonies de Beethoven, à côté des ouvertures du *Matrimonio segreto*, de *la Flûte enchantée*, d'*Iphigénie*, de *Démophon*, de *Così fan tutte*, des chœurs d'*Idoménée*, d'*Orphée*, etc., etc. Le jeune Habeneck, violon à Feydeau, était soliste au Conservatoire, et rivalisait dans les concertos avec M. de Sauzay ; Levasseur, le futur Bertram de *Robert le Diable*, y faisait admirer sa belle voix de basse. Ainsi commençait à se former, au contact des grandes œuvres, cette école française, la dernière venue dans l'arène ; ainsi grandissait l'institution du Conservatoire, née entre une harangue de sans-culotte et un refrain du *Ça ira*.

Nous avons nommé Beethoven, ce Titan des neuf symphonies, dont le génie n'a été réellement entrevu qu'à l'époque de la création des *Concerts du Conservatoire*, due à la vaillante initiative de

Habeneck. Les profondeurs immenses de cette organisation fulgurante, ses horizons infinis, ses élancements vertigineux dans l'idéal étaient inaccessibles pour une génération dont le sentiment poétique n'avait pas encore été ébranlé. Pour cette lente et glorieuse initiation, il nous a fallu toute une révolution littéraire et artistique. Aussi, ne nous étonnons point de l'étrange jugement que l'on porta, sous l'Empire, sur ce géant de la musique symphonique.

La divine pureté de Mozart, le charme inimitable de Haydn offrent à l'oreille des perspectives merveilleuses faciles à parcourir ; on comprendra aisément alors ces paroles de Garaudé, un musicien de talent : « Cet auteur (Beethoven), souvent bizarre et *baroque*, étincelle *quelquefois* de beautés extraordinaires. Tantôt il prend le vol majestueux de l'aigle, tantôt *il rampe* dans des *sentiers rocailleux*. Après avoir pénétré l'âme d'une *douce mélancolie*, il la *déchire* aussitôt par un *amas d'accords barbares*. Il semble renfermer ensemble des *colombes* et des *crocodiles*. » Que dire d'une appréciation semblable, émaillée de fleurs de rhétorique cueillies dans l'*Almanach des Muses*? Rien, sinon que tous ceux qui partageaient ces opinions étaient à plaindre, car ils ne possédaient pas le sens musical d'une manière complète.

L'Empire, entouré par une lumineuse auréole de prodiges et de victoires, élargissait chaque jour ses horizons, et voyait chaque jour de nouveaux peuples sous ses aigles, éblouis par l'immensité d'un pouvoir s'étendant des bords de la Vistule aux bords de l'Èbre. Parvenue à cet apogée, la France apparaît dans l'imagination comme un de ces soleils de juillet, aveuglant de lumière, et dont le disque en fusion semble s'immerger et se dissoudre dans une atmosphère sans nuages. On le sait, tout convergeait vers ce génie surhumain qui pétrissait la vieille Europe à sa façon ; l'art lui-même subissait cette influence irrésistible ; à la fois *encouragé* et *réglementé*, il a donné la mesure des résultats acquis dans des conditions antilibérales. Après *Joseph*, la torpeur semble s'être emparée de la scène de l'Opéra-Comique, non que les pièces fassent défaut, mais leur nullité est également de la stérilité.

En 1809, cependant quelques faits surgissent dans le domaine qui nous occupe, faits secondaires, à la vérité, mais qui empruntent relativement quelque valeur, grâce à l'époque où ils parurent. Les répertoires de Grétry, Monsigny, voire même Philidor, reparaissaient aux feux de la rampe, à côté des principales œuvres de l'époque révolutionnaire. On vit alors un hommage public rendu à l'auteur de *Zémire et Azor*, hommage qui s'est renouvelé de nos jours pour notre immortel Rossini : à l'entrée du théâtre Feydeau fut élevée la statue en marbre de Grétry, par les soins et aux frais de l'un de ses plus fervents admirateurs, M. de Livry.

Deux noms qui s'illustrèrent dans la suite s'apercevaient dans la pénombre de l'orchestre de l'Opéra-Comique : ce furent Habeneck, l'illustre révélateur de Beethoven, et Chelard, le célèbre symphoniste.

Dalayrac s'éteint au milieu des regrets universels; la noblesse de son caractère rendait sa perte encore plus sensible.

Mme Rolandeau, l'un des meilleurs sopranos de Feydeau, qui, primitivement, jouait aux *Buffa*, avec Viganoni, dans *le Barbier de Séville* de Paesiello, mourut, à l'âge de trente-deux ans, des suites d'une brûlure communiquée par l'un de ses vêtements; l'excellent Dozainville, l'un des vétérans de l'Opéra-Comique, ainsi que la fine et bonne Mme Dugazon, complètent ce nécrologe dans les illustrations de notre genre national. Rezicourt et Mme Scio les avaient précédés de quelques années. La reprise de *Rose et Colas* obtient un accueil enthousiaste. La toute charmante Alexandrine Saint-Aubin venait de débuter dans *les Visitandines*, à côté de sa mère, qui se retirait en lui léguant un si glorieux héritage.

Signalons aussi un succès dramatique qui, hélas! l'emportait dans la foule sur celui de *Joseph*, ce fut une ancienne farce de Sedaine et Duni, remise en musique par Solié, intitulée : *le Diable à Quatre, ou la Femme acariâtre.*

Cette facétie, datée de 1756, obtint, le 30 novembre 1809, une réussite inouïe. Les gravures et les journaux popularisèrent cette pièce ; le *Courrier de l'Europe* du 4 décembre 1809, à la plus grande satisfaction de ses lecteurs, inséra les vers suivants :

LA FEMME.

Je veux à l'Opéra-Comique
Que vous me conduisiez ce soir ;
Le Diable à Quatre, quoique antique,
Est, dit-on, très piquant, très-agréable à voir.

LE MARI.

Je n'irai point à ce théâtre.

LA FEMME.

Vous y viendrez !

LE MARI.

Non, sur ma foi !

LA FEMME.

Je veux que vous voyiez *la Femme acariâtre.*

LE MARI.

Je la vois bien assez chez moi !

Le siècle venait d'entrer dans sa dixième année ; l'ex-officier d'artillerie unissait ses destinées d'une manière indissoluble avec la fille des Césars ; une paix durable, féconde, un avenir prospère devaient être les résultats tant désirés d'une union qui semblait en être le gage. Malgré la gloire qui suivait partout et toujours nos aigles, on aspirait à la paix. Aussi, quoique la répudiation de Joséphine ait éveillé pour elle une recrudescence de sympathie, on n'accueillit pas moins avec une sorte d'enthousiasme le nouveau mariage ; les *raisons d'État* étaient partout admises.

Les fêtes données à l'occasion de cet événement mémorable eurent un éclat extraordinaire et se prolongèrent longtemps dans toutes les parties de l'Empire. Jamais affluence d'étrangers ne remplit la capitale autant qu'en cette année 1810. Grâce en partie à ces réjouissances publiques, grâce aussi à un répertoire et une troupe accomplis, grâce encore à une pièce nouvelle répondant au goût de l'époque, le théâtre Feydeau, lui aussi, était à son apogée.

La pièce nouvelle était *Cendrillon*, d'Étienne et Nicolo (22 février 1810); l'ancien opéra-comique de la foire Saint-Germain avait eu ce sujet traité par Anseaume, le 20 février 1759. Après les poëmes ossianiques et les gros mélodrames, nos pères eurent apparemment un retour vers la *naïve simplicité*. « Si *Peau d'Ane* m'était conté, j'y prendrais un plaisir extrême, » disait le Bonhomme ; quant au public de 1810, il fut littéralement dans l'enthousiasme à l'audition de ce conte de la Mère l'Oie.

Cendrillon possède d'une façon relative, il est vrai, toutes les qualités de la musique française : netteté, franchise de rhythme, sobriété d'instrumentation, mélodie claire et de bonne venue. Le morceau le plus remarquable est le quatuor du premier acte, commençant d'abord en duo entre les deux sœurs orgueilleuses Clorinde et Thisbé : « *Arrangeons ces fleurs,* » auxquelles se joint la voix de Cendrillon, chantonnant son refrain de pauvre petite réprouvée : « *Il était un petit homme, toto carabo,* » le quatuor se complète par l'arrivée du mendiant Alidor, — qui n'est autre qu'un mystérieux envoyé à la recherche d'une jeune épouse en faveur du prince Charmant. Nicolo avait évidemment eu en vue la vocalisation de Mlle Regnault en écrivant le duo des deux sœurs au second acte. Ce morceau est hérissé d'un bout à l'autre de roulades, de *gruppetti*, de trilles, de gammes, partant du *la* grave à l'*ut* aigu. Deux petits airs de Cendrillon : « *A quoi bon la richesse ?* » et « *Je suis modeste et soumise,* » se détachent encore sur le reste de la partition, où les rôles d'hommes sont sacrifiés, à part peut-être celui du mendiant.

Un sujet semblable, dépourvu de veine comique et d'intérêt assez dramatique, demandait de la part du compositeur une palette plus nuancée, plus variée, plus riche, en un mot. Il fallait immatérialiser, en quelque sorte, cette pauvre enfant, ce grillon du foyer, ouvrant, comme dans une *gloire*, son cœur au pardon envers ses rivales ; il fallait autre chose que « *Toto carabo.* » Quant au caractère des deux sœurs, Nicolo l'a heureusement indiqué. Ce fut Alexandrine Saint-Aubin, en créant le rôle de Cendrillon, qui eut le privilége de populariser ce célèbre « *Toto carabo*, » qui fit son tour de France, ou, pour mieux dire, son tour d'Europe, car *Cendrillon* fut jouée à Berlin. Il est vrai de dire que la musique de Nicolo y fut remplacée par une nouvelle due au pianiste Steibelt.

Pendant plusieurs mois, plus de deux mille personnes remplirent, jusque dans les corridors, le théâtre Feydeau, chaque fois que l'affiche annonçait *Cendrillon*. Le total des vingt premières représentations produisit une recette de 110,000 fr., chiffre inouï à cette époque.

En cette même année, le 9 novembre, eut lieu la distribution des grands prix décennaux. Voici un extrait du rapport du jury, au paragraphe de l'opéra-comique : « M. Chérubini a fait jouer, dans l'époque du concours, l'opéra des *Deux Journées*, où l'on reconnaît son talent supérieur ; mais cet opéra ne paraît pas au jury devoir l'emporter sur celui de *Joseph*, par M. Méhul, lequel offre une musique savante et sensible, une expression toujours vraie, variée suivant les sujets, tantôt noble ou simple, tantôt religieuse ou mélancolique. Le jury présente l'opéra de *Joseph* comme l'opéra le plus digne du prix ; il demande en même temps une mention très-honorable pour l'opéra *les Deux Journées* et pour celui de *l'Auberge de Bagnères*, de M. Catel, ouvrage remarquable par l'élégance du style et une originalité piquante modérée par le goût. »

Une partie du public dilettante fut plus sévère envers Méhul ; on accusait l'illustre compositeur de ne donner aux voix, vis-à-vis de l'orchestre, que la valeur de l'alto dans un quatuor ; à peine si on lui faisait grâce de la suavité et de l'onction touchante répandues dans le rôle de Joseph ; on appelait ses chœurs admirables des *exercices* d'harmonie *revus et corrigés*, etc. Hélas ! il y eut de tous temps des mirmidons ; ils sont peut-être nécessaires !

XIV

Napoléon et Marie-Louise.— Compiègne.— Voyage dans les départements du Nord.—Une représentation impériale à Lille.— Retour à Paris. — Prospérité des théâtres. — *Le Crescendo*. — *Jean de Paris*.

Nous ne laisserons pas passer le mariage de l'Empereur avec Marie-Louise sans détacher à cette occasion quelques souvenirs qui se lient à notre travail. On sait que Napoléon présenta la nouvelle impératrice au peuple du haut du pavillon de l'Horloge, et que la cérémonie nuptiale fut célébrée dans la grande galerie du Louvre. Soixante jeunes filles furent dotées et unies à de braves militaires; d'abondantes distributions aux indigents furent faites; des amnisties nombreuses furent accordées; de toutes parts rayonnait une ivresse sans bornes et l'espérance d'un avenir plein de calme et de sécurité. A peine si l'incendie du comte de Schwartzenberg, dans la Chaussée-d'Antin, avait semblé à quelques-uns un pronostic de mauvais augure. Après les fêtes et les illuminations du mois de mars, il y eut les spectacles *gratis* du 1er avril; l'Opéra-Comique donna *le Déserteur*.

Les théâtres célébrèrent à l'envi le héros qu

éblouissait l'univers. Partout ce n'étaient que cantates, odes, dithyrambes, panégyriques; parmi les strophes accueillies avec le plus d'enthousiasme, nous citerons la suivante, chantée au théâtre des Variétés :

> Oui, sans doute, ce chef suprême,
> Méditant de nobles travaux,
> Au sein de ses triomphes même
> Formait des vœux pour le repos.
> Avec ardeur il fit la guerre
> Pour la bannir du monde entier,
> Et sa main, en frappant la terre,
> A fait éclore l'olivier!

Dans le courant de ce même mois, toute la cour se retira à Compiègne, où l'Empereur se livrait à son plaisir favori, la chasse à courre. Tout ce que l'Empire contenait d'illustrations contribuait à l'enchantement de ce séjour; les représentations théâtrales y furent très-nombreuses. Les artistes du Théâtre-Français furent les premiers demandés. Ils donnèrent *Tartuffe;* puis, avec Talma, Damas, Saint-Prix et Mlle Duchesnois, *le Cid, Britannicus, Andromaque* et *Phèdre.* Les acteurs de Feydeau vinrent ensuite, et l'élite de la troupe joua successivement *Félix, Zémire et Azor, le Prisonnier, Maison à vendre* et *Adolphe et Clara.* A part la gratification impériale, les sociétaires en obtinrent en plus une autre du roi de Naples (Murat), qui leur accorda 2,000 écus ; l'excellente duègne Mme Gonthier reçut un cadeau spécial de 1,000 francs.

Méhul, dont l'Empereur n'appréciait le génie que sur parole, reçut, pour les cantates qu'il avait composées à l'occasion du mariage, une magnifique bague ornée du chiffre impérial en diamants.

Au mois de mai, Napoléon visita avec sa jeune épouse les départements du Nord. Amiens, Arras, Lille, Gand, Bruges, Anvers, Saint-Omer, Rouen, etc., saluèrent de leurs acclamations le nouveau couple. A part les revues, les réceptions officielles, il n'y eut presque nulle représentation dramatique, Lille exceptée ; à Rouen, où l'Empereur arriva le 31 mai, on transforma le théâtre en vaste salle de bal.

Nous n'avons pu recueillir aucun renseignement sur les représentations de Compiègne, mais quant à celle de Lille, nous avons été plus heureux. L'Empereur ordonna que ce fût les acteurs de Feydeau qui vinssent remplir le programme dramatique.

Le 18 mai 1810, Elleviou, Gavaudan et sa femme partirent pour Lille ; le 23, les hôtes augustes assistèrent à la représentation de *Richard Cœur de lion* et d'*Adolphe et Clara* de Dalayrac. Il n'y avait sans doute aucune arrière-pensée dans le choix de la première de ces deux pièces ; mais n'est-il pas singulier que Napoléon ait justement désigné, pour un spectacle qu'il désirait rendre agréable à sa jeune épouse, un sujet qui lui montrait un grand prince captif et abandonné du monde entier par suite de la perfidie d'un duc d'Autriche ? — Le grand homme pressentait-il Sainte-Hélène ? — Rien n'est moins probable pourtant, et lorsque Elleviou chanta le fameux air : *O Richard ! ô mon roi !* avec cet enthousiasme, cette puissance de moyens, cette fidélité religieuse, et surtout avec cette voix pénétrante et sonore et cet accent vrai qui remuaient toutes les fibres du cœur, malgré l'étiquette, il souleva un tonnerre d'applaudissements, dont l'Empereur lui-même donna le signal.

Le grand homme ne se doutait pas, hélas ! que, cinq ans plus tard, on pourrait dire aussi de lui : « *L'univers t'abandonne,* » et qu'il n'aurait pas même un Blondel capable de l'arracher de sa prison.

Après *Richard,* Elleviou joua dans la petite pièce de Dalayrac le rôle d'Adolphe avec toute l'élégance et la distinction, avec toute l'étourderie et la sensibilité qui font de ce rôle l'un des mieux réussis du répertoire.

Il fut admirablement secondé par Mme Gavaudan.

Cette actrice était petite, pas jolie, mais piquante avec son minois chiffonné. Dans *Richard*, elle avait représenté au naturel le petit conducteur de Blondel, avec ses sabots et sa besace, grignotant ses pommes sans se soucier le moins du monde de ce qui se passait autour de lui. Elle reparut dans le rôle de Clara en dame du plus haut rang, avec un ton exquis et des bouderies adorables, Gavaudan n'avait eu qu'un rôle assez effacé dans cette représentation, il jouait Richard.

Cette soirée devait être une espèce d'épreuve aux yeux des personnes qui aiment à étudier sur les physionomies les sentiments qu'on a dans l'âme, nous dit un contemporain, auquel nous devons ces détails intéressants.

L'épreuve ne fut pas favorable à Marie-Louise, car sa physionomie n'exprimait rien du tout. Elle était fort rouge, très-embarrassée de sa personne, ne répondant que par monosyllabes à son époux, lorsque celui-ci lui adressait la parole. Elle paraissait tout aussi insensible aux malheurs de Richard et au dévouement de Blondel qu'aux mutines fâcheries et aux délicieux raccommodements des deux amoureux Adolphe et Clara. Napoléon perdait un peu de son prestige à être vu ainsi dans l'inaction ; le rôle de jeune mari, si peu fait pour son caractère, lui donnait un aspect contraint. Il semblait se faire violence pour adresser de temps en temps à sa femme quelques paroles qu'elle seule pouvait entendre ; comme elle ne paraissait que très-faible sur la réplique, la conversation tombait aussitôt. Alors il se remettait à écouter Elleviou, et sa main battait la mesure à contre-temps.

Le retour de Leurs Majestés dans la capitale fut salué par de nouvelles réjouissances; le 14 août suivant il y eut spectacle gratis à Feydeau avec *Lucile*, de Grétry, et *Lodoïska*, de Kreutzer. Toutes ces fêtes, les débuts de Mlle Alexandrine Saint-Aubin, le succès de *Cendrillon*, la rentrée de Martin, une foule de reprises très-heureuses, — sauf celle de *On ne s'avise jamais de tout*, de Monsigny, — la rentrée de Mme Duret (Cécile Saint-Aubin), le talent de Mlle Regnault firent, pour l'Opéra-Comique, de cette année 1810 une année exceptionnelle. Rien n'est aussi brutalement éloquent que les chiffres : voici, dans l'ordre numérique des recettes, l'encaisse des trois grands théâtres en 1810 :

Opéra-Comique.	950,172 fr.
Théâtre-Français.	867,304
Académie impériale de musique. .	643,503

Cette même année 1810 vit éclore une œuvre de Chérubini, *le Crescendo*, production qui n'a pas imprimé à l'art une forme nouvelle. Il est resté de cet opéra un duo, un bijou de distinction et de finesse, accompagné par un travail d'orchestre très-intéressant; ce morceau est un petit chef-d'œuvre de pureté et d'élégance. Citons encore un air confié à Martin, que le célèbre baryton chantait avec un prodigieux succès de rire; il s'incarnait dans le rôle d'un nigaud, qui, plein d'effroi, faisait le récit d'un combat. L'orchestre accompagnait *pianissimo*, de manière que le récit paraissait venir de loin; dans les intervalles où l'harmonie laisse la voix presque à découvert, le personnage, pris de peurs subites, oubliant de chanter *piano*, provoquait, sous les traits comiques de Martin, des rires inextinguibles.

Nous sommes dans l'année de la naissance du roi de Rome; Napoléon semblait avoir vaincu la destinée. A cette époque, les peuples répandus sur la surface du vaste empire se demandaient, selon l'expression du poëte, si l'on peut être « si petit et si grand tout à la fois. » Dieu voulut donner cette dernière satisfaction à ce colosse politique. 1811 vit les dernières fêtes impériales, la dernière fusée, les dernières salves qui depuis avaient salué l'homme de brumaire et d'Iéna, le jeune élève de Brienne et le héros d'Austerlitz. Rien ne paraît cette année-là à notre théâtre national de façon à fixer l'attention, si ce n'est toutefois un acte de

Nicolo, *le Billet de loterie*, où l'on remarqua comme chose neuve un morceau d'ensemble accompagné dans la coulisse; une pièce posthume de Dalayrac, *le Poëte et le Musicien*, qui n'obtint et ne mérita aucun succès, et les débuts d'une élève du Conservatoire, Mme Boulanger, dont le nom brilla à Feydeau dans la suite. Du retour de Boïeldieu et de l'apparition de *Jean de Paris* dans notre répertoire date une nouvelle ère à l'Opéra-Comique. Le compositeur spirituel et charmant du *Calife de Bagdad* et de *Ma tante Aurore* élargit maintenant son cadre, le ruisseau de *Zoraïme et Zulnare* deviendra fleuve à *la Dame Blanche*, et, chose bizarre, plus ses œuvres se rapprocheront de nous, plus elles se dépouilleront de la sénilité qui caractérise celles de sa jeunesse. Pendant quelques années, le théâtre était occupé exclusivement par Nicolo et Berton; l'arrivée de Boïeldieu, en 1812, stimula une lutte qui ne fit que grandir le génie de ce dernier. Boïeldieu avait peut-être, à un degré égal à celui de Grétry, le souci de la vérité dramatique; aucun effet chez lui n'est livré au hasard de l'imagination, et cependant, à côté de cela, nulle sécheresse mélodique, une phrase harmonieuse et colorée, et qui, par la suite, dans l'atmosphère rossinienne, gagna en souplesse et en étendue.

Nous citons simplement *Jean de Paris*, qui est

dans toutes les mémoires, comme le point de départ de cette nouvelle manière qui amalgame en quelque sorte le comique de Grétry avec les richesses harmoniques de Chérubini, et, plus tard, avec les développements chaleureux de Rossini.

La première distribution de *Jean de Paris* fut ainsi faite : Elleviou, Martin, Juliet, Mmes Gavaudan, Regnault et Alex. Saint-Aubin. Le prodigieux succès de Martin dans le rôle du sénéchal, son admirable phrasé, sa diction nette et pure ; sa voix si bien timbrée, si flexible, se pliant aux vocalises et aux traits les plus étendus, engagèrent Boïeldieu à écrire spécialement des rôles pour cet illustre chanteur, d'autant plus qu'Elleviou se retirait dans tout l'éclat de sa carrière. Signalons en passant les débuts du successeur d'emploi de ce dernier, Ponchard, qui se fit remarquer dans Pierrot du *Tableau parlant*, en 1812.

XV

1813. — Retraite d'Elleviou. — Quelques mots sur ce chanteur. — Une mauvaise pièce qui est le début d'un grand nom. — *Le Séjour militaire*. — M. Auber. — Mort de Grétry; son apothéose. — *Le Nouveau seigneur de village*. — *Le Tableau parlant* considéré comme hostile au gouvernement. — *Joconde*. — L'invasion, le public et les mélodrames. — Une pièce de circonstance. — Une trinité complétée. — Hérold.

Nous arrivons à cette néfaste année 1813, dont le chiffre cabalistique, inauguré par un *vendredi*, semblait être le fatal présage des désastres inouïs qui allaient accabler l'Empire avec la France. Malgré les graves préoccupations dont il était assiégé, Napoléon trouvait encore des moments pour s'immiscer dans beaucoup de détails : ainsi, lorsqu'il apprit qu'Elleviou demandait une augmentation dans ses appointements, il protesta énergiquement contre cette prétention, et il alla jusqu'à exiger que la somme de 84,000 francs, qui lui était allouée, fût considérablement amoindrie. Le célèbre chanteur renonça dès lors à la carrière qu'il avait tant illustrée, et le 20 mars 1813, il donna sa représentation de retraite dans *Félix, Adolphe* et *Clara* et *le Tableau parlant*. Un mois avant mourut M™ᵉ Trial, qui avait rempli les rôles de Mᵐᵉ Laruette et joué avec succès, après Mᵐᵉ Dugazon, le rôle de Louise dans *le Déserteur*. Quoique ayant abandonné l'Opéra-Comique depuis 1786, ce théâtre sut récompenser ses services en lui assignant une pension viagère de 600 francs.

Sans vouloir retomber dans des redites, et recommencer ce qui a été fait; sans prétendre donner ici une notice biographique, qui, nous l'avons dit en commençant, serait déplacée dans cette étude, nous pensons que quelques mots d'appréciation sur l'un ou l'autre des anciens sociétaires de Feydeau nous permettra, en même temps, de donner un rapide coup d'œil sur des ouvrages que notre plume n'aura pas désignés.

Elleviou était à la fois bon comédien et bon chanteur, et loin que l'une de ces deux qualités lui fît négliger l'autre, ainsi que cela se voit trop souvent de nos jours, il est resté, sous tous les rapports, un modèle inimitable, dont aucun de nos *ténors légers* n'a pu approcher jusqu'à présent. Mais ce double talent n'était pas le seul mérite d'Elleviou.

Il était beau, non de cette beauté plastique qui consiste dans la pureté des lignes, mais de ce que l'on peut appeler plutôt la beauté intellectuelle.

Rien de plus expressif que son regard, rien de plus aimable que son sourire, et avec cela un organe d'une douceur infinie; il réunissait tous les genres de séduction.

Par un travail intelligent, il avait insensiblement changé la *tessiture* de sa voix, qui, dans le principe, était une sorte de voix mixte entre le baryton et le ténor. Il se retira de la scène au plus haut de ses succès, après vingt-trois ans de services; aucune défaillance n'a terni son talent, qui devant la postérité a gardé tout son prestige. A l'époque de sa retraite, sa voix se promenait aisément du *si bémol* grave au *si bémol* aigu, c'est-à-dire un espace de deux octaves, sans compter cinq ou six notes de tête.

Le règne des poitrinaires, des fatalistes, des amants byronniens n'était pas encore arrivé; aussi admirait-on dans Elleviou une taille élevée et bien prise, une chevelure blonde, un teint coloré, une physionomie éclatante de santé, de franchise et de gaieté.

Un type qui faisait fureur à cette époque de Marengo, d'Austerlitz et d'Iéna, c'était le capitaine de hussards, amoureux, brave, joueur, dissipé, mais toujours charmant. Elleviou avait créé avec un succès prodigieux le rôle de Florival dans *Une Folie*, cet opéra écrit dans l'ordre d'idées de *l'Irato*, mais qui lui est de beaucoup supérieur, et qui est réellement très-amusant.

La quantité de pièces écrites en vue de ses moyens est innombrable. Berton fit pour lui son charmant opéra *les Maris garçons,* dont le principal rôle était l'inévitable capitaine de hussards. Elleviou portait l'uniforme avec beaucoup d'aisance ; il faisait tant d'honneur à l'armée, que tous les jeunes officiers le prenaient pour leur type invariable.

Il est juste de dire que cet illustre jeune premier apportait la même perfection dans les rôles les plus divers. Ainsi le juvénile et chaste Joseph n'a jamais été si bien représenté que par lui ; lui seul a su chanter cet air si scabreux, qui est devenu le *dada classique* de tous les lauréats du Conservatoire : « *Vainement Pharaon, dans sa reconnaissance.* » Le délicieux rôle de Versac dans *Maison à vendre* (Dalayrac), celui de Saint-Ange dans *Une Heure de mariage* (Dalayrac), ne ressemblaient plus à la comédie, c'était la nature prise sur le fait.

Dans la charge, il était d'un comique achevé : dans *Picaros et Diego* (toujours Dalayrac), il était impossible de se soustraire au rire le plus désopilant à la vue de la bonne et naïve bêtise de Diégo, l'ami et la dupe du fripon Picaros. Le duo qui a justement fait la fortune de cette production était chanté d'une façon ravissante par Elleviou et Martin.

Lors de la reprise du *Tableau parlant*, vers 1808, Elleviou-Pierrot et Mme Boulanger-Colombine eurent un succès fou et procurèrent à la pièce un nombre infini de représentations. Elleviou est un type ; c'était en quelque sorte l'incarnation de tout le répertoire, depuis Monsigny jusqu'à Boïeldieu, en passant par Grétry, Dalayrac, Méhul, Chérubini, Berton, Nicolo. Il rappelait l'impertinente désinvolture des *ci-devants*, si bien illustrés par le célèbre Fleury, du Théâtre-Français ; sa voix volumineuse, égale, sonore, flexible, n'était jamais livrée *aux cris* et à des excès de vocalisation.

Quoiqu'il n'ait jamais su poser le son comme Duprez ou lui donner l'accent pénétrant de Rubini, il savait néanmoins ménager ses effets avec tant d'art, que soit qu'il se rejetât sur la partie vocale ou la partie déclamée, il désarmait toujours la critique.

Or, pendant cette triste année, où, après tant de sacrifices, notre patrie répondait à Napoléon par une levée extraordinaire de six cent mille hommes, les sociétaires de Feydeau, pour se soustraire à d'incessantes réclamations, essayèrent de jeter au public un nouveau nom en pâture.

Seulement, — en cela d'accord avec les compositeurs *reconnus*, — on déterra un poëme inepte, couvert sous la poussière des cartons. Un jeune homme, connu par quelques succès de salon, en fit la musique. On proclama bien haut que satisfaction était donnée à l'opinion publique, et qu'une ère nouvelle allait s'ouvrir pour les jeunes auteurs. La pièce était une parade de carnaval, dans laquelle quelques aimables étourdis, de jeunes officiers, se déguisaient en femmes. Que l'on juge de l'à-propos à pareille époque !

La pièce s'appelait *le Séjour militaire* ; les journaux nommèrent le compositeur : M. Aubert (sic), *un jeune homme qui donne quelque espoir !* Dans ses Mémoires, le docteur Véron nous dit que le débutant souffrit tellement en voyant l'insuccès de son ouvrage, qu'après la troisième scène il sortit découragé. Le résultat de cette manœuvre fut que jusqu'en 1819 et 1820, M. Auber ne put obtenir une revanche.

Quelle perspective pour tous ces prix de Rome, ces lauréats, ces phalanges chaque jour plus serrées de nouveaux compositeurs, véritables âmes en peine, qui *du sérail ignorent les détours !*

Pendant que le représentant le plus spirituel, le plus élégant, le plus moderne de l'opéra-comique, commençait timidement une carrière illustre entre toutes, s'éteignit doucement celui dont le sourire et la gaieté de cœur avaient charmé nos aïeules.

Pauvre Grétry ! il perdit ses trois gracieuses enfants, Jenny, Lucile, Antoinette, chacune au même âge. « O mes amis, disait-il, une larme, une larme sur la tombe de mes trois charmantes fleurs !» Il but le calice jusqu'au bout, et ferma les yeux à sa femme et à sa vieille mère. Pour lui, la musique ne fut plus qu'un souvenir : il se plongea dans les méditations philosophiques ; il se souvint de Jean-Jacques, de l'Ermitage, de tout ce que la nature a de souriant et de consolant. « Je suis dans le sanctuaire de la philosophie, disait-il ; Jean-Jacques a laissé ici le lit où il rêvait au *Contrat social*, la table qui était l'autel du génie, la lampe de cristal qui l'éclairait le soir dans son jardin quand il écrivait à Julie ; je suis le sacristain de ces reliques précieuses. » Et encore : « Le destin m'a privé de mes trois filles, mais la mort de mon frère vient de me rendre sept enfants. » Il mourut en automne, avec les fleurs de son jardin ; il mourut laissant des bienfaits. Sa retraite est détruite, mais ses chefs-d'œuvre, qui ont enchanté plusieurs générations, parfumeront toujours les souvenirs de notre opéra-comique.

Le 28 septembre, le théâtre Feydeau donna une représentation à la mémoire de Grétry. Une foule immense se pressait vers les abords de la salle, qui était littéralement envahie. On commença par *l'Amant jaloux*; puis après, pendant l'exécution de l'ouverture d'*Elisca* et de celle des *Mariages samnites*, le rideau se releva sur une apothéose de l'illustre compositeur. Puis les artistes, groupés autour d'un Parnasse sur lequel s'étageaient des enfants « de blanc vêtus, » chantèrent le trio de *Zémire et Azor* : « *Ah ! laissez-moi le pleurer*, » et le quatuor de *Lucile* : « *Où peut-on être mieux*, etc. » Gavaudan déclama des vers : les vieux amateurs essuyèrent leurs paupières, les jeunes applaudirent à l'immortalité du génie. La soirée se termina par *Zémire et Azor*.

Ne quittons pas 1813 sans acclamer ce ravissant chef-d'œuvre de perfection scénique, de goût et de mélodie, *le Nouveau seigneur du village,* par Boieldieu. En souvenir du succès de Martin dans *Jean de Paris*, le compositeur dédia cet ouvrage au célèbre *Frontin ;* aussi bien, depuis la retraite d'Elleviou, Boieldieu écrivit chaque nouvelle partition en vue des moyens du baryton aimé. Qui ne connaît le duo si admirablement dessiné, si parfait entre Frontin et Blaise dégustant le fameux chambertin ? Quelle silhouette comique que le gros bailli étudiant son compliment : « *Alexandre le Grand dans Babylone !* » Vous souvient-il de sa scène avec le marquis et de ses trois burlesques révérences sur les trilles suivis de tenues par les instruments à cordes? et comme ensuite l'accompagnement du vieux basson donne à toute cette page un aspect franchement comique, sans tomber dans la trivialité! Ce petit acte est tout simplement l'œuvre d'un maître dans l'essor de son génie.

Glissons rapidement sur les désastres qui s'amoncelèrent sur notre patrie, pendant cette douloureuse époque. Hélas! l'image des prodiges, des enivrements, des grandeurs de l'ère impériale, se couvrait d'un nuage épais, et on ne l'apercevait plus qu'à travers le prisme sanglant des revers qui en avaient accéléré la fin. Le sang de deux millions d'hommes, tués dans l'espace de vingt années de guerres, criait trop haut.

Partout l'épuisement et la désaffection étaient visibles ; l'interdiction du *Tableau parlant* en fut la preuve. Pour citer un exemple pris dans le cœur de notre travail, Napoléon défendit la continuation des représentations de cet opéra-comique, à cause de l'air :

> Vous étiez ce que vous n'êtes plus,
> Vous n'étiez pas ce que vous êtes ;
> Et vous aviez pour faire des conquêtes,
> Et vous aviez ce que vous n'avez plus ;

paroles auxquelles le public semblait donner une

maligne interprétation. Faut-il alors trop s'étonner et s'indigner, quand les Parisiens, las et fatigués de tout, pendant que l'invasion s'approchait de la capitale, allèrent en foule se presser aux représentations de *Joconde*, au théâtre Feydeau?

Avec *Joconde*, Nicolo, en lutte avec Boieldieu, agrandit sa manière; il donnera encore *Jeannot et Colin*, *l'Une pour l'autre*; il écrira une partie de *la Lampe merveilleuse*, mais il est probable que si la mort n'eût arrêté sa carrière, Nicolo n'aurait guère dépassé son *Joconde*, qui est resté la plus complète expression de son style. Quoiqu'on n'y rencontre ni la verve comique de Grétry, ni la profondeur de pensée de Méhul, ni l'ampleur de la phrase de Boieldieu, *Joconde ou les Coureurs d'aventures* n'en est pas moins un type supérieurement réussi de l'opéra-comique. Depuis l'ouverture mosaïque, où se dessinent la musette et la marche de la rosière, jusqu'au chœur final, en passant par le célèbre et classique air : « *J'ai longtemps parcouru le monde,* » la délicieuse romance : « *Quand on attend sa belle,* » le charmant quartetto en notes saccadées : « *Ah! ma petite amie, que te voilà jolie!* » etc., tous les morceaux sont de vraies fleurs mélodiques, nettes d'allure, souriantes sans mièvrerie, comiques sans vulgarité. Évidemment, les splendides développements des finales rossiniens n'ont pas encore illuminé de leurs reflets notre genre national, mais le final du premier acte : « *Allons combattre les infidèles,* » par sa progression et son mouvement, s'éloigne considérablement d'une foule d'œuvres antérieures ; nous en exceptons cependant le final du deuxième acte de *Montano et Stéphanie*, celui du premier acte des *Deux Journées* et deux ou trois autres.

Vous rappelez-vous l'aspect gothique de cette phrase de Jeannette : « *Ma grand'mère disait souvent,* » produit, par cette mesure à trois temps commençant chaque fois par un trille, un de ces trilles d'un autre âge qui font sourire et rêver de l'aïeule au chef branlant comme une feuille d'automne ; et le duo entre Édile et Robert : « *Ah ! monseigneur, je suis tremblante,* » et la cantilène expressive de Joconde : « *Dans un délire extrême,* » et tout le reste que vous connaissez, n'est-ce pas là un tableau complet de goût, de bonne humeur, de franche gaieté ? Ce n'est pas le rire expansif de Cimarosa, ni la bouffonnerie olympienne de Rossini, ce n'est pas non plus la coquetterie raffinée d'Auber, mais c'est un rire plein de séve et de santé.

Pendant que l'on riait ainsi à Feydeau, l'invasion couvrait la France ; l'immense empire s'était écroulé, et les chevaux du Don piétinaient sur les boulevards !

Et si l'on frémissait encore, ce n'était pas à l'aspect de tant de désastres, de tant de désolation ; non, c'était à la représentation d'un mélodrame comme celui de *Pizarre,* où un vieux cacique subit un interrogatoire dans ce genre : « Qui es-tu? — Ton ennemi. — Qui t'a donné le droit de me braver? — La justice de ma cause et tes crimes. — Indique-nous la retraite des tiens et le toit qui les couvre. — Le ciel. — Sont-ils nombreux? — Compte les arbres de ces forêts. — Où sont cachés vos femmes et vos enfants? — Dans les cœurs de leurs maris et de leurs pères. — C'en est trop!... tremble, audacieux! » Après cela, on revenait à Nicolo, dans cette berquinade de *Jeannot et Colin,* qui, malgré sa bourrée d'Auvergne franche et alerte, son air : « *Beaux jours de notre enfance,* » et les vocalises du trio du rossignol, n'en est pas moins très-inférieure sous tous les rapports à son aînée *Joconde.*

Laissons passer l'année 1815, couverte d'un crêpe sanglant ; donnons un sourire à *la Fête du village voisin* de Boieldieu, cette fraîche et spirituelle pastorale bâtie sur la donnée des *Jeux de l'Amour et du Hasard,* où étincelle ce chant parfumé : « *Simple, innocente et joliette,* » et inclinons-nous devant un nom que Boieldieu protége et que Méhul chérit, un nom qui sera l'auréole de notre musique et sa plus éclatante manifestation, Hérold, qui apparaît sous les auspices de Boieldieu dans une pièce de circonstance, *Charles de France,* le 18 juin 1816.

Avec lui se complète cette merveilleuse trinité qui résume l'opéra-comique moderne : Boieldieu, Auber, Hérold. Notre tâche touche à son terme; il ne nous reste plus qu'à suivre ces noms glorieux jusqu'au seuil de leurs chefs-d'œuvre.

XVI

Les premières années de la Restauration.— Système du bon plaisir. — Comment on administre l'Opéra-Comique. — Le Conservatoire réorganisé. — Les compositeurs qui disparaissent. — Quelques acteurs de l'ancien théâtre Feydeau.— Mmes Saint-Aubin, Gavaudan, Philis et Gonthier.

La première moitié de la Restauration se signala par d'odieuses représailles, des excès que l'histoire a justement flétris. Partout il ne fut question que de rétablir l'ancien ordre de choses ; tous ceux qui n'avaient ni rien oublié ni rien appris, plus royalistes que le roi lui-même, poussèrent le gouvernement dans des voies aussi aveugles qu'elles étaient funestes. Un engourdissement invincible semble s'être emparé de l'art pendant les premières années du règne de Louis XVIII ; mais patience, l'explosion est proche : Rossini émeut déjà l'Italie entière avec *Tancredi ;* le soulèvement des Hellènes inspirera la poésie, la musique et la peinture ; l'étendard romantique ira flotter au-dessus du vieil arsenal scolastique. Laissons ces tristes rancunes monarchiques s'assouvir ; n'est-il pas aussi impossible d'enrayer la marche progressive de la civilisation que d'intercepter la lumière du soleil ?

Le système du bon plaisir s'empara de nouveau des administrations dramatiques ; les gentilshommes de la chambre du roi remplacèrent les préfets du palais, et les intendants des Menus-Plaisirs succédèrent aux chambellans de l'Empire. Le premier gentilhomme, M. le duc d'Aumont, eut la surintendance du théâtre de l'Opéra-Comique ; à sa suite se pavanèrent une quarantaine de marquis, de hobereaux et de gentillâtres, dont l'ingérance inhabile et arrogante dans les affaires intérieures de la société Feydeau lui fut très-préjudiciable. L'Opéra-Comique fut tellement et si bien *protégé,* que, ruinés, accablés d'embarras de toutes sortes, les sociétaires demandèrent au roi la dissolution de leurs statuts, et leur réunion dans les attributions de sa maison, sous réserve de la garantie des droits et pensions obtenus et à obtenir. Le 30 mars 1824, la société fut dissoute, et un directeur administra sous les ordres immédiats du duc d'Aumont. Ce premier directeur fut M. Guilbert de Pixérécourt.

Palliatif impuissant ! le mal était invétéré. Les dépenses les plus imprévues et les plus onéreuses vinrent encore augmenter les difficultés de gestion.

La démolition de la salle Feydeau, la construction de la salle Ventadour furent de nouvelles charges pour la liste civile, qui s'était imprudemment engagée à la suite des projets du surintendant. Le colonel Ducis essaya d'assumer sur lui la situation à venir du théâtre; puis, avec le concours du banquier Boursault, qui fonda une société en commandite, dont les actionnaires devinrent propriétaires de la nouvelle salle, il sembla donner quelque espoir pour retirer le théâtre de l'abîme dans lequel il s'enfonçait toujours davantage. Illusion! la faillite inévitable eut lieu un mois juste avant la révolution de juillet 1830.

Voilà l'œuvre de la Restauration en faveur de notre théâtre national : abus des entrées gratuites accordées à la noblesse, priviléges non fondés, immixtions ridicules et maladroites, tiraillements sans fin ; le tout couronné par la banqueroute et des administrations scandaleuses.

Si nous tournons maintenant nos regards du côté de notre Conservatoire, le ridicule se mêle à l'indignité, quand on voit le gouvernement restauré décapiter à plaisir cette institution dont l'origine révolutionnaire était alors la condamnation. On *réorganisa* le Conservatoire en 1815 ; on eut soin de chasser immédiatement l'excellent et digne Sarette, qui, pendant *dix-neuf* ans, avait contribué à la prospérité de cet établissement hors ligne, pour mettre en sa place des hommes aussi incapables comme administrateurs qu'ils étaient étrangers aux arts.

Le prétexte de cette réorganisation était l'économie à apporter dans le budget, protocole banal de tous les actes de proscription et de destruction. En 1816, on établit une espèce de Conservatoire, mais sur des bases si mesquines, que ce n'était plus que le simulacre de l'ancien établissement. On changea le titre par celui de *Ecole Royale de musique*; et comme si l'on eût voulu ôter toute considération à cette pauvre école, dès l'origine on y fit des catégories de professeurs, parmi lesquels il s'en trouvait qui n'avaient que 500 francs d'appointements.

Les choses allèrent au point, dit M. Fétis, auquel nous empruntons le détail suivant, que la première année l'inspecteur fut si gêné, que, n'ayant pas de quoi acheter du bois, il se vit obligé d'avoir recours à de vieux meubles et à de vieux clavecins de l'ancien Conservatoire pour chauffer l'école. Le gouvernement *économisa* encore par la suppression du pensionnat de chant, créé en 1803. Il tombait ainsi dans l'aberration même ; il supprimait la possibilité d'avoir des sujets pour les théâtres. Une sorte d'insouciance se faisait remarquer parmi les professeurs ; les études étaient nulles, les élèves peu nombreux et mal dirigés ; tout allait de mal en pis, quand Louis XVIII eut enfin l'heureuse pensée de nommer Chérubini directeur en 1822.

La réaction s'était repue ; on commençait à s'apercevoir que la Révolution avait peut-être laissé *quelque chose* de bon.

Pendant un certain temps, une sorte de marasme semblait planer sur les productions lyriques ; seul, Boieldieu continuait, par son *Chaperon-Rouge*, à maintenir la réputation naissante de l'école française ; mais il était évident que l'art se trouvait encore dans une époque transitoire.

Les anciens créateurs de notre musique disparurent coup sur coup ; après Dalayrac et Grétry vint le vénérable Monsigny, mort à l'âge de quatre-vingt-huit ans ; puis, le 14 janvier 1817, Méhul, qui mourut le soir de la première représentation de *la Clochette*, d'Hérold.

On raconte à ce sujet que l'illustre compositeur attendait de minute en minute le résultat de l'œuvre de son élève bien-aimé ; quand on lui en apprit le succès, la vie l'avait presque abandonné, et il exhala le dernier soupir avec la joie de laisser après lui un successeur digne de lui. Ensuite, la mort enleva, le 23 mars 1818, Nicolo-Isouard. Quant à Berton, son action dans le domaine de l'opéra-comique est désormais tout à fait nulle ; il avait donné tout ce que la nature lui avait légué. Chérubini tout entier à ses admirables *messes*, avait dit un éternel adieu aux compositions dramatiques ; Lesueur se reposait sur son passé. Quant aux anciens interprètes de tous ces illustres fondateurs, presque tous avaient jeté leur dernier éclat.

Cette troupe de l'Opéra-Comique, qui aida si puissamment aux développements de notre genre national, était toute désorganisée. Ces vaillants artistes avaient empreint de leur individualité un répertoire sans traditions ; ils furent créateurs dans la véritable acception du mot.

Le plus bel ensemble existait sous l'Empire. Une ardeur et une émulation rares stimulaient chacun des sociétaires. Sous le rapport de la partie purement vocale, il y avait peut-être quelques taches à signaler ; mais, en somme, quelle délicieuse réunion de talents ! Elleviou, faisant oublier Clairval, l'ancien *roi de l'Opéra-Comique ;* Martin, dont nous reparlerons plus loin, créait d'une manière désespérante l'illustre race des *Frontins ;* l'excellent Solié, musicien de grand mérite, acteur qui avait un talent incomparable pour se grimer ; Chenard, remplissant les *rôles à tablier*, les caractères empreints d'une brusquerie joviale et de franche gaieté ; Gavaudan, qui avait tant de noblesse et de chaleur dans son jeu, mais chanteur à la voix mince, complétèrent le principal noyau de la société. Lesage et Moreau étaient des *trials*, des niais les plus réjouissants.

En tête du personnel féminin brillait Mme Saint-Aubin, une des physionomies les plus intéressantes de la société Feydeau. Mme Saint-Aubin était une nature essentiellement *prime-sautière ;* tout était spontané en elle, tout était varié, neuf, original ; elle accomplissait les métamorphoses les plus imprévues avec un charme adorable.

Elle rappelait Mlle Mars par le tact, la grâce, l'ingénuité avec lesquels elle nuançait les rôles de jeune fille. Une taille un peu au-dessous de la moyenne, des traits expressifs et d'une prodigieuse mobilité, une imagination vive, une voix délicate et de peu d'étendue, il est vrai, mais employée avec un goût exquis ; jouant, pendant vingt-deux ans, plus de deux cents rôles avec une flexibilité étonnante ; tour à tour ingénue, grande coquette, soubrette, *travestie*, malicieuse ou sentimentale, elle avait été l'âme de tout un répertoire et le ravissement de toute une génération. Elle avait débuté à la Comédie-Italienne le 29 juin 1786, et se retira le 2 avril 1808, n'ayant obtenu dans les dernières années que 16,000 francs d'appointements. Ses derniers adieux datent de l'année 1818, où elle joua avec sa fille, Mme Duret, pour la représentation de retraite de son mari. Les anciens habitués de Fey deau confondent encore dans leurs plus chers souvenirs le brillant Elleviou à côté de ce portrait ravissant imprégné de tant de grâce et de décence ; ils entendent encore cette voix fraîche et limpide, mordante parfois, cette prononciation nette et pure, ce débit si juste ; ils voient encore cette fine silhouette au profil mutin et souriant sous la cornette de Babet de *l'Epreuve villageoise*, sous le voile de sœur Lucile des *Rigueurs du cloître*, sous le tablier de Marton dans *Ma tante Aurore*, sous le corsage de Rosine dans *le Prisonnier*, etc.

Mme Gavaudan avait peut-être une voix encore plus fluette que celle de Mme Saint-Aubin ; mais, à côté d'un talent plein de finesse et de naturel, elle s'élevait souvent jusqu'à l'expression dramatique dans les passages qui exigeaient de l'âme et de la passion. Elle ne reculait devant aucun préjugé pour atteindre à la vérité et au naturel dans les scènes qu'elle interprétait. Nous avons déjà mentionné de quelle manière elle jouait Antonio de *Richard Cœur de lion*. Mme Gavaudan fut l'une des dernières sociétaires de l'ancien théâtre Feydeau ; elle créa, avec son camarade Martin, les œuvres de Boieldieu, depuis *Jean de Paris* jusqu'aux *Voitures versées*. Gavaudan quitta la scène en 1816, et sa femme en 1826, quand la révolution rossinienne était dans sa plus grande effervescence.

Encore deux figures originales qui se détachent sur ce tableau du théâtre Feydeau : Mlle Phillis et Mme Gonthier. La première, fille d'artiste, l'une des premières élèves couronnées du Conservatoire, appartenait à cette génération d'artistes qui avaient acquis dans la fréquentation des derniers représentants de la vieille société française ce goût exquis, ces formes élégantes et polies qui se sont effacées depuis.

Elève de Garat, Mlle Phillis fut l'une des premières *cantatrices* de l'Opéra-Comique ; de son maître elle possédait une manière de phraser souple, élégante, exempte de minauderie. Elle créa le rôle de Zétulbé dans *le Calife de Bagdad* avec un immense succès ; sa voix flexible et pénétrante, ses yeux pleins de flamme lui firent pardonner quelques faiblesses de diction et de jeu. Elle resta en Russie pendant le séjour que Boieldieu y fit ; revenue à Paris après 1812, elle ne reparut plus sur la scène.

Quant à la *bonne maman* Gonthier, jamais on ne vit commère plus joviale, duègne plus achevée ; elle était étourdissante de verve et de rondeur comiques. Comme elle se campait fièrement dans ses rôles de fermières *hautes en couleur et en paroles !* Comme son organe léger et mordant caquetait ! Quelle variété dans ses inflexions de voix ! Mme Gonthier fut l'une des plus intrépides et des plus persévérantes artistes de l'Opéra-Comique ; elle resta trente ans sur la brèche et se retira en 1812, laissant d'ineffaçables souvenirs.

Les interprètes des premières œuvres d'Hérold, d'Auber, jusqu'à la retraite de Martin (1823) furent Ponchard, Huet, Féréol, Paul, Vizentini, Moreau, Mmes Boulanger, Regnault, Cretu, Desbrosses, Pradher; plus tard, sur les dernières années de la Restauration, c'est Chollet, Lemonnier, Damoreau, Mmes Rigaut, Prévost, Casimir, qui remplissent brillamment le cadre de l'Opéra-Comique.

XVII

Rossini. — Son apparition et son influence.— L'art du chant. — *La Bergère châtelaine* et *les Voitures versées*. — L'année 1825. — Rossini à Favart.— Un mot de Méry. — Une affiche de concert. — *Le Muletier et la Neige*. — Scribe. — Sa collaboration avec M. Auber.—Renouvellement de l'orchestre.

Voici l'année 1819 : saluez ! c'est Rossini qui se révèle en France. Le génie le plus lumineux de la musique verse dans le moule dramatique des torrents de mélodie ! La charpente scénique craque et se transforme sous cette inspiration exubérante. Sous cette irradiation, l'art se renouvelle, tout est lumière, vie et enchantement dans cette musique ensoleillée, chantant pour chanter quand même. C'est la nature pleine d'ivresse, inépuisable dans ses trésors, infinie dans ses accents !

Le génie de Rossini imprima à la phrase musicale une élasticité merveilleuse, elle devint aérienne, impondérable. Il créa ces *finales*, ces ensembles pleins de mouvement et de couleur, il brisa l'ariette pour lui substituer des ondées mélodiques, larges et développées. A côté de ces dons naturels. Rossini avait des *procédés* qui tenaient du génie, par l'art suprême avec lequel il colorait son instrumentation; par ses transitions subites de la tonique à la tierce supérieure, par ses oppositions hardiment conçues de majeur et de mineur, il obtenait des effets inouïs.

On sait que les premières représentations de son *Mosè* n'obtinrent en Italie qu'un très-faible succès, que quelques jours après, le maestro ajouta la célèbre prière, et qu'il écrivit cette page sublime en l'espace de *dix minutes*, entouré d'une foule d'amis. Eh bien, lorsque l'œuvre reparut enrichie de ce morceau, quand le chœur reprend soudainement le motif en majeur, une explosion d'enthousiasme s'empara du public.

« On ne peut se figurer, dit Stendhal, le coup de tonnerre qui retentit dans la salle : on eût dit qu'elle croulait. Les spectateurs des loges, debout et le corps penché en dehors pour applaudir, criaient à tue-tête : *Bello ! bello ! o che bello !...* Heureux peuple ! c'étaient des cœurs inondés de plaisir qui remercient le dieu qui vient de leur verser le bonheur à pleines mains !... J'ai presque les larmes aux yeux en pensant à cette prière. »

La mélodie de Rossini, dans ses premières œuvres mêmes, a toujours été essentiellement harmonique ; c'est en transcrivant les quatuors de Haydn et de Mozart que l'illustre maestro acquit, dès sa jeunesse, cet art suprême de disposer les parties ; le génie du Midi puisa dans celui du Nord des forces nouvelles qui, dans la suite, rendirent ses dernières œuvres indestructibles.

A peine âgé de dix-huit ans, Rossini donna, en 1812, à Venise, l'*Ingannó felice* où l'on remarqua un trio rempli de verve et de grâce ; deux ans auparavant il avait écrit *la Cambia di matrimonio* (1810). Mais le *Tancrède* paraît en 1813, *il Turco in Italia* en 1814, *Otello*, et cet éternel chef-d'œuvre de jeunesse, de brio, de vie, *le Barbier de Séville*, en 1816.

C'est au célèbre chanteur Garcia que nous devons la première initiation de la musique rossinienne, et c'est *le Barbier* qui ouvrit le premier feu. Quel succès, mais aussi quelles clameurs ! Quoique ce ravissant rôle de Rosine ait été joué d'abord assez médiocrement par Mme Debegnis, les connaisseurs aperçurent immédiatement l'énorme distance qui séparait l'homonyme de Paesiello de celui de Rossini.

Des obstacles renaissants accueillirent d'une part presque toutes les premières auditions des œuvres du jeune maestro ; Paër surtout lui portait une animosité incroyable ; Berton élevait ses élèves du

Conservatoire dans la sainte horreur des *turlututus du signor Vacarmini*.

Bientôt *Semiramide, la Gazza Ladra, Zelmira, l'Italiana, Tancredi, la Cenerentola, Otello* absorbent tout le répertoire italien ; Rossini devient lui-même l'impresario du théâtre, le *Di tanti palpiti* avait conquis la popularité par l'orgue de Barbarie, une pléiade de chanteurs merveilleux interprétèrent cette musique dont l'influence fut si profonde, et dont les reflets illuminèrent les œuvres françaises.

Les productions de Rossini eurent également pour effet d'imprimer un nouvel essor à l'art du chant, aux insipides roulades improvisées ; le maestro écrivit des traits et des fioritures dans des conditions *harmoniques* et vocales qui réglèrent insensiblement les interprètes. Garcia fonda cette seule et véritable manière de chanter, basée sur l'étude du médium, de l'emploi de la voix mixte, méthode admirable qui nous valut Nourrit, Mme Malibran, Rubini, etc.; puis arrivent successivement ces météores de l'art dramatique et lyrique : Mme Pasta, Mombelli, Pisaroni, Mainvielle-Fodor, Henriette Sontag, Cinti-Damoreau. Les anciennes célébrités, telles que Mme Barilli, Grassini, Catalani, étaient désormais éclipsées, sinon oubliées.

Les dix dernières années de la Restauration furent une époque unique dans l'histoire des transformations artistiques.

L'influence du genre de Rossini a été telle, que nul n'a pu s'y soustraire : « Aussi j'adjure tous les compositeurs contemporains, disait Adolphe Adam, depuis le plus célèbre jusqu'au plus infime : en est-il un seul qui ne doive quelques pages de ses œuvres au génie de Rossini? — Semblable au soleil, il a répandu sa lumière sur tous, et ses rayons ont fait éclore mainte inspiration qui ne se serait peut-être jamais développée sans cette influence bienfaisante. — Rossini est, en effet, le génie musical le plus complet qui ait jamais existé. Il a abordé tous les genres (la symphonie exceptée), et les a tous traités avec une vérité et une diversité de tons incompréhensible... Mozart seul a approché de cette facilité de changer de tons, et dussent tous les classiques à venir m'anathématiser, la lutte ne me paraît pas égale pour l'invention et la fécondité d'imagination, dont, selon moi, la palme reste à Rossini... »

On était donc au commencement de cette splendide rénovation, quand le théâtre Feydeau donna, dans la même année (1820), le premier succès de M. Auber, *la Bergère châtelaine*, et la dernière œuvre de Boieldieu, conçue sans écho rossinien, *les Voitures versées*.

Cette production est dans toutes les mémoires; on connaît ce joyeux imbroglio qui réunit dans un château de province, par des accidents de voitures, les personnages les plus originaux. Le musicien a réalisé là le ton suprême de la comédie lyrique, pour ne citer que la comique imitation du caractère, du ton, des manières de Florville par Mme de Belval, la leçon de musique donnée par Dormeuil à ses nièces, l'air *Apollon toujours préside,* le duettino sur l'air populaire *Au clair de la lune,* si délicieusement instrumenté. Ce fut dans cette pièce que Martin créa pour la dernière fois un rôle écrit par Boieldieu ; il devait plus tard jouer dans *les Deux Nuits* (opéra où l'illustre maître français commença à modifier sa manière), mais sa retraite coupa court à cette interprétation projetée.

Martin était étourdissant de verve et de chaleur dans le personnage de Dormeuil ; Mme Desbrosses, très-plaisante dans celui de la comtesse de Clissanville, la vieille coquette chamarrée d'une robe couleur de feu.

Le poëme faillit un instant compromettre le succès de la musique. « Si *les Voitures versées* restent dans l'ornière, disait un *profond* critique de l'époque, ce ne sera pas la faute du compositeur ni des comédiens ; si elles se relèvent, c'est à eux que la gloire en sera due : ils ont vigoureusement poussé à la roue. »

Quant à *la Bergère châtelaine*, le succès fut décisif; la ronde surtout, intercalée dans les vaudevilles du temps, popularisa dès lors le nom d'un compositeur dont tant de chefs-d'œuvre de grâce, de finesse et d'esprit ont succédé à ces premiers opéras-comiques où son individualité ne s'est pas encore dégagée complétement.

Quoique l'imitation rossinienne ne soit pas très-sensible, on reprend çà et là, dans *la Bergère châtelaine*, quelques terminaisons de phrases, le final du premier acte notamment, où les redites abusives de la tonique, de la sous-dominante et de la dominante décèlent une influence qui s'est surtout révélée trois ans plus tard dans *la Neige* (1823). Une imitation du tic-tac du moulin, dans l'ouverture de *la Bergère*, remplissait la critique d'une joie indicible ; Huet, Paul, Moreau, Mmes Desbrosses et Boulanger, furent les interprètes de cette production. Passons maintenant sur *Emma*, saluée par le premier critique musical de la Restauration, Castil-Blaze, remplaçant l'*illustre* Duvicquet dans le feuilleton des *Débats ;* laissons de côté *le Maître de Chapelle* de Paër, une ravissante page comique pourtant, mais qui appartient comme style à une filiation antérieure ; applaudissons à *Leicester*, où apparaît pour la première fois cette collaboration brillante et féconde : Scribe et Auber, et arrêtons-nous à l'année 1823, où nous voyons le mouvement rossinien déborder de toutes parts.

A ce même Théâtre de Madame, où sourit la jolie Léontine Fay dans *le Mariage enfantin,* on joue un à-propos vaudeville : *Monsieur Rossini à Paris.*

C'est l'année des premiers triomphes de Mme Pasta ; c'est la révélation de cette éternelle jeunesse, Virginie Déjazet ; ce sont les succès de Vernet, d'Odry, de Perlet aux Variétés ; c'est la première représentation de *l'École des Vieillards* aux Français, ce sont les concerts de Baillot, Pixis, Kalkbrenner.

1823, c'est l'ovation royale faite par le dilettantisme parisien à Rossini : on joue *le Barbier de Séville,* avec Garcia et Mme Mainvielle-Fodor. L'illustre maestro se relègue discrètement dans une baignoire obscure ; mais, à la leçon de chant de Rosine, Almaviva commet une allusion révélatrice, et la foule se soulève avec un enthousiasme frénétique ; dans son délire, elle interrompt la représentation : les mêmes acclamations se renouvellent lors du bénéfice de Garcia dans *Otello,* le 12 novembre. Mme Pasta jouait Desdemona ; Talma était dans la salle, applaudissant l'admirable artiste. Mais voilà Rossini reconnu ; nous vous laissons à penser quel accueil !

Rien n'est aussi précieux que les impressions de tous ces aigrefins, alors si saintement, si patriotiquement hostiles au maître de Pessaro. On lit à ce sujet dans *le Corsaire* : « On a décerné ce soir, dans la salle du Théâtre-Italien, une petite ovation de famille assez bouffonne au signor Rossini. Cette réception nous a rappelé celle du *Malade imaginaire*. Le signor a daigné sur-le-champ, par plusieurs inclinations de tête, témoigner qu'il était sensible à cet accueil. Une marque aussi éclatante de bienveillance a touché les *dilettanti* jusqu'au fond du cœur. Lorsque la tête est couronnée de lauriers et qu'elle plane au sommet de l'Hélicon, il est beau, mais il est rare de donner encore quelque attention à ce qui se passe sur la terre... » Ridicules déclamations ! aveugles niant le soleil en plein midi, le maître continuait sa révolution avec une majestueuse sérénité, et aujourd'hui, pour nous servir des paroles de Méry :

. . . . . . Nous sommes joyeux
De voir que Rossini manquait à nos aïeux.

A côté des pamphlets, il y avait les panégyriques et les odes, la caricature et la lithographie popularisaient les traits du maestro, la spéculation s'emparait même de son nom, qui devenait mainte fois un moyen de réclame. Le 14 novembre 1828, les murs de Paris étaient couverts d'une affiche conçue en ces termes :

— « Grand concert donné par M. Huerta, guitariste espagnol ; ON CROIT *que monsieur Rossini assistera à ce concert.* »

Or, en cette même année, apparaissent deux œuvres remarquables à l'Opéra-Comique : *le Muletier*, d'Hérold, et *la Neige*, d'Auber.

L'une et l'autre de ces productions gardent bien l'empreinte du temps, mais indique déjà le courant auquel chacun des auteurs appartient. Si, en certaines pages, elles sont en quelque sorte la réverbération de l'inspiration rossinienne, elles n'en sont pas moins éminemment françaises par le tour général de la pensée. M. Paul de Kock tailla sa donnée du *Muletier* dans un des contes passablement scabreux de la Reine de Navarre. Grâce à l'originalité de la musique, bien des situations « court vêtues » passèrent à l'abri de mélodies neuves et inspirées.

Une des choses les plus hardies, les plus originales, c'est sans contredit le morceau où le battement du pouls est si étonnamment reproduit par les notes saccadées des cors. « N'est-ce pas le miracle de la circulation du sang passant dans la symphonie? » pour nous servir des expressions de M. Xavier Aubryet dans ses *Jugements nouveaux*. « La musique de M. Hérold est vive, gaie et brillante, disait le fougueux critique XXX des *Débats;*

elle est écrite avec autant d'esprit que de goût. Il a adopté la manière de Rossini, et ses *crescendo* prouvent qu'il n'en fait pas mystère : *quoi qu'on die*, il faut se jeter dans la voie qui mène au succès. Le motif de l'ouverture est plein de franchise, il se mêle, se croise avec l'air du *fandango*. Le chœur des compliments est charmant, le duo des amoureux est agréable, et la scène de nuit est traitée avec un grand talent. » C'est dans cette dernière scène que le mari jaloux fait l'exploration des muletiers endormis, et où se trouve l'effet curieux que nous avons rapporté. Féréol, Vizentini, Mmes Boulanger et Pradher créèrent les principaux rôles du *Muletier*.

La tournure vive, alerte et pimpante de certains motifs de *la Neige*, contribuèrent à lui donner une vogue méritée.

Le libretto imaginé par Scribe est toujours ce composé de mille et un petits incidents enchevêtrés les uns dans les autres, une de ces complications de surprises dénouées par un fil, avec une adresse qui tient quelquefois du prestige. M. Scribe a été, cela est aujourd'hui incontestable (puisqu'il n'est plus), l'expression la plus vraie et la plus accomplie de la société sous la Restauration et le règne de Louis-Philippe.

Il a supérieurement reproduit, dans cette iniiombrable quantité de pièces à tiroir du théâtre de Madame, le côté *bourgeois* et *libéral* de l'époque. Ses colonels du Gymnase, son Masaniello, étaient autant de souvenirs déguisés. Si, parfois, son théâtre de prosaïque devient trivial, si ses personnages manquent de poésie, d'idéal ; si ce ne sont que des silhouettes à peine ébauchées, si toute cette lanterne magique, de terne qu'elle était, s'efface chaque jour davantage ; si le système de cet adroit équilibriste dramatique abaissait le niveau de l'art au lieu de l'élever, son action, — dans le domaine des *libretti* lyriques, — n'en a pas moins été l'une des plus puissantes en faveur des progrès de la musique.

Personne mieux que lui n'a échafaudé de la façon la plus favorable au musicien les situations les plus variées.

Qui oserait dire que sa merveilleuse souplesse de créer des scènes n'ait pas fait jaillir l'inspiration du compositeur ?

Sous le rapport du tempérament artistique, rien d'aussi curieux que sa collaboration avec M. Auber : les amoureux de comptoir, les coquettes d'arrière-boutique de l'un, se transforment sous la plume de l'autre en couples adorables et en Célimènes ravissantes. Au milieu du dédale de l'intrigue, le compositeur jette une pluie de diamants mélodiques;

les grandes lignes, les vastes contours, sont pour lui choses inutiles; il prouve qu'on peut être *grand* dans le *petit*. Son collaborateur essaye de faire du *joli*, mais lui le transfigure et en fait de l'*exquis*.

Rien d'aussi dissemblable que ces deux noms, en apparence si homogènes : tous les deux, il est vrai, sont d'une fertilité incroyable; tous deux abordent plusieurs genres; mais l'un, *scribe* infatigable, a plus d'adresse que de génie, tandis que l'autre est l'inspiration toujours neuve, piquante, spirituelle, ce n'est pas la passion, mais c'est l'esprit, l'esprit éternellement jeune.

Pour en revenir à *la Neige*, nous dirons que le succès en couronna immédiatement tous les motifs, surtout celui que chantait le jardinier (Vizentini) avec tant de comique et d'intentions malicieuses : *Il est plus dangereux de glisser sur le gazon que sur la glace*. La facture du chœur rappelle de près le faire de Rossini; voici l'appréciation du *Journal de Paris* à ce sujet : « M. Auber a suivi la révolution qui s'est opérée sous nos yeux; il en a adopté ce qu'elle a d'incontestablement bon... » On ne pouvait être plus aimable... à cette époque.

Un renouvellement complet de l'orchestre eut lieu cette même année; tous ces vieux vétérans qui avaient blanchi sous l'archet, tous ces anciens musiciens de la Comédie-Italienne, à culottes chamois et à boucles d'acier, toute cette phalange dirigée jadis par Blasius, l'ami de Philidor, obtint avec sa retraite des pensions justement acquises. Ainsi se compléta la transformation de l'ancien Opéra-Comique : après la disparition des compositeurs, puis des acteurs, vint le tour des ignorés de l'orchestre !

C'est par les soins de M. F. Kreubé que ces changements eurent lieu ; les nouvelles recrues sortirent du Conservatoire, pleines d'ardeur et d'enthousiasme. Elles eurent le bonheur de participer à la première exécution des chefs-d'œuvre de Boieldieu, Hérold, Auber.

XVIII

Retraite de Martin, sa voix, son talent. — *Le Valet de chambre* et le
Concert à la Cour: — Les dernières années de la Restauration.
— Weber et *Freyschutz*. — *Le Maçon*. — *Marie*.

Avec l'année 1823 disparut Martin, qui prend sa retraite à l'âge de cinquante-six ans. Depuis le départ d'Elleviou, Martin avait encore acquis un redoublement de vogue, quoique cependant sa voix accusât de nombreuses défaillances. Il a été l'interprète spécial de toutes les œuvres de la seconde manière de Boieldieu, *Jean de Paris, le Nouveau seigneur, la Fête du village voisin, le Chaperon-Rouge* et *les Voitures versées*. Le caractère de l'organe et du talent de ce chanteur célèbre n'a pas été sans influence dans l'art lyrique, malgré son originalité, qui devait exclure toute imitation dangereuse.

La voix de Martin était un véritable phénomène, elle avait une étendue de plus de *trois octaves;* commençant au *mi* au-dessous de la portée de la clef de *fa*, elle atteignait facilement le *sol* et le *la* au-dessus de la clé de *sol*.

Cette voix prodigieuse se révéla et se développa d'une étrange manière. Ignorant le don naturel qu'il possédait, vivant à une époque où l'art du chant était lettre morte, Martin s'adonna dans sa jeunesse à l'étude du violon. Son instrument fut son professeur de chant; instinctivement il vocalisait les traits exécutés par son archet. Dans les commencements de sa carrière dramatique, il ne satisfaisait pas tous les amateurs; bon nombre lui préféraient Chenard : « Martin, disaient-ils, *manque de creux.* » Plus tard on apprécia son timbre, qui tenait à la fois de la fraîcheur du ténor et de la plénitude des sons graves du baryton. Ses plus grandes préoccupations vocales avaient été la perfection de la voix mixte, à l'aide de laquelle il soudait admirablement ses deux *tessitures*. Aussi enjambait-il avec une extrême facilité d'un registre sur un autre et rendait-il la transition du timbre presque imperceptible ; mais on lui a toujours reproché le parti pris d'une vocalisation procédant par saccades.

A part cette critique, Martin était prodigieux dans les roulades, dans les ports de voix, dans des sauts énormes, où l'intonation était toujours d'une irréprochable pureté. Martin a été le type des valets fripons de l'ancien répertoire ; c'était un Frontin de haute lignée. Quoiqu'il n'ait pas été le meilleur *comédien* au théâtre Feydeau, il avait néanmoins un souci excessif de la mise en scène; il se grimait surtout d'une façon étonnante. On raconte à ce sujet l'anecdote suivante : — Le peintre Gérard voulait avoir le portrait de Marmontel, mais, celui-ci étant mort sans s'être jamais fait peindre, on fut très-embarrassé pour avoir sa ressemblance. Martin, informé du désir de Gérard, ayant lui-même beaucoup connu Marmontel, se présenta un jour aux regards du peintre avec la figure du défunt... Gérard recula épouvanté et faillit se trouver mal; mais, s'étant remis, il se hâta d'en tirer l'esquisse qu'il fit graver plus tard.

Martin reparut à Feydeau quelques années après sa retraite; quoique ses moyens trahissent sa volonté, sa présence sur ce théâtre qu'il avait tant illustré avait suffi cependant à attirer le public et à le passionner comme aux anciens beaux jours ! Chollet, inquiété un instant par la réapparition de ce vétéran, allait donner sa démission; il redoutait le parallèle, hélas ! comme si le talent n'avait pas, lui aussi, ses échéances ! A travers leurs souvenirs, les vieux amateurs recomposaient la figure, la prestance du rusé Frontin; mais la nouvelle génération ne vit plus que les restes d'un talent et d'une ardeur qui s'éteignaient, jetant çà et là des étincelles qui semblaient défier les nouveaux venus. Son nom magique releva pendant quelque temps les recettes du théâtre de l'Opéra-Comique, dont la situation était déplorable sous le rapport administratif et financier. Aujourd'hui, il ne reste plus de Martin qu'un glorieux souvenir, lié, dans les fastes du théâtre Feydeau, à celui de son ami et confrère Elleviou. Prononcez ces deux noms devant quelque survivant de cette époque, et vous verrez encore l'enthousiasme se raviver à cette évocation. Signalons en passant le charmant opéra-comique de Carafa, *le Valet de chambre,* où se trouve l'air délicieux : « *Ma Denise est si jolie,* » qui, chose bizarre chez un Italien, a plus de parenté avec le style de Boieldieu qu'avec celui de Rossini, et *le Concert à la cour,* d'Auber, un acte ravissant, célèbre par l'air du carnaval, si étincelant de brio et de grâce : « *Povera signora a des migraines.....* ah! ah! ah! »

En ce moment, la Restauration présente le tableau le plus animé et le plus brillant : l'expédition d'Espagne venait de donner un semblant de gloire militaire au duc d'Angoulême, le soulèvement de la Grèce, appuyé en partie par la France, portait l'enthousiasme dans les cœurs. Canaris, Botzaris, la lutte de Missolonghi, rappelaient les beaux jours de Salamine ; d'impérissables souvenirs de gloire, de liberté et d'héroïsme planaient sur ces enfants de Léonidas revendiquant leur indépendance.

Après la mort de Louis XVIII, un héraut d'armes cria : *Vive le roi !* la tradition monarchique sembla renouée à jamais; Saint-Denis reçoit les restes mortels d'un Bourbon, et Reims célèbre la cérémonie « antique et solennelle » du sacre d'un roi de France. Le grand poëte de ce siècle, alors à son aurore, lance cette ode juvénile au roi Charles :

O Dieu! garde à jamais ce roi qu'un peuple adore!
. . . .
Prête à son front deux rayons de ta tête,
Mets deux anges à ses côtés!

Rossini écrit ce ravissant à-propos : *Il Viaggio à Reims,* qui fut l'adorable esquisse de ce chef-d'œuvre de grâce, *le Comte Ory.* Mmes Pasta, Mombelli, Schiasetti, M. Bordogni, jouent cette pièce de circonstance devant la famille royale; le 15 juin 1825, c'est *le Calife de Bagdad* qui, à Feydeau, remplit le programme officiel.

Au Théâtre de Madame, la ravissante Jenny Vertpré est le sujet de toutes les causeries; la lutte des romantiques et des classiques s'envenime; Eugène Delacroix signe ces pages éclatantes : *Dante, Médée, les Massacres de Scio.*

Le compositeur le plus romantique, le poëte de la ballade fantastique, le chantre des bruyères sauvages, Charles-Marie de Weber, se révèle à Paris. Son *Freyschutz,* traduit par cet infatigable pionnier Castil-Blaze, obtient à l'Odéon un succès immense. *Deux cents* représentations consécutives de ce chef-d'œuvre parviennent à peine à satisfaire l'empressement du public ; puis arrive *Preciosa*, ce tableau bohémien, si étrange, si heurté, traduit par Sauvage, et qui initie le dilettantisme de l'époque à un ordre d'idées tout nouveau.

Deux courants puissants, féconds, intarissables, renouvellent encore une fois l'art et la musique française. L'un ayant sa source dans le Midi, représenté par Rossini, c'est-à-dire la lumière, l'euphonie, la vie extérieure, joyeuse et opulente, le *paganisme* de la mélodie ; un sensualisme inconscient, imprégné de parfums et d'azur, une sérénité radieuse et implacable.

Quant au Nord, avec Mozart, Beethoven, Weber, Schubert, etc., n'est-ce pas la tendresse infinie, les ciels doucement voilés, la passion sombre et désespérée, le *spiritualisme* appliqué aux sons? Surtout pour Weber, le romantique par excellence, à la façon de Schiller, Hoffman, Tieck, Novalis, Arnim, l'opposition rossinienne est frappante.

Un mysticisme étrange, de soudaines apparitions, des visions nocturnes, des clameurs héroïques succédant à une mélancolie plaintive, des sourires traversés par des larmes amères, Samiel farouche et satanique, les chasseurs à la plume noire poussant leurs hourras! le cor enchanté d'Obéron, la solitude imprégnée d'incantations étranges, le drame végétal, voilà l'œuvre du Nord, l'œuvre de Weber.

L'éternelle lutte du Nord et du Midi aurait pu se raviver ; l'ombre de Jean-Jacques aurait pu inspirer de nouvelles *Lettres sur la musique française ;* les gluckistes et les piccinnistes pouvaient avoir des successeurs ; mais ces animosités, ces violences ridicules n'ont jamais concilié deux natures inconciliables, et au grand honneur du mouvement artistique de la Restauration, on admira Rossini et Weber tout à la fois. La musique française grandissait sous ces deux arbres harmonieux ; un rameau s'inclina vers Auber, un autre vers Hérold.

L'un et l'autre, presque au même moment, donnent la couleur de leur individualité. *Le Maçon* (1825) est l'œuvre capitale de la première manière de M. Auber ; elle est restée au répertoire avec ses sœurs cadettes, les perles de la troisième époque. Dès le premier jour le succès signala la ronde populaire du : « *Bon Ouvrier, les Amis sont toujours là.* » Il y a de la franchise, de l'entrain dans ce motif, quoiqu'il n'ait pas encore le cachet du maître. Ce qui vaut mieux, c'est un duo entre les deux amoureux : « *Je m'en vas, je m'en vas,* » et la querelle entre les deux commères. Il y a là un brio, une grâce, un esprit qui classent ces pages parmi les meilleures de la comédie lyrique. Cela est français par le tour, quoique pour le fond Rossini ait quelque peu passé par là.

Marie, d'Hérold (1826), est l'aurore de *Zampa;* on y trouve déjà ce reflet webérien, ces aspects rhythmiques, cette rêverie germanique qui, mis en fusion dans le creuset de Méhul et de Boieldieu, produiront bientôt l'expression la plus étendue de notre genre national.

Entre ces deux dernières productions, entre ces deux noms : Auber et Hérold, apparaît enfin ce lien, cette soudure d'or, du passé au présent, Boieldieu donnant son chef-d'œuvre, l'*alpha* et l'*oméga* de son génie, cette *Dame Blanche*, en un mot, qu'une suite non interrompue de plus de trente années de succès n'a pas émoussée.

La Dame Blanche est un de ces points lumineux et resplendissants dans le répertoire de l'Opéra-Comique, autour desquels gravitent sans cesse tant d'œuvres plus ou moins pâles. L'auteur du *Calife de Bagdad* aboutissant à *la Dame Blanche* réalise cette définition : le génie est une longue patience.

A travers cette orchestration à la fois savante et limpide, ne voyez-vous pas Méhul d'un côté, Rossini de l'autre? Dans ce splendide finale de la vente, dans tout ce mouvement, cette vie musicale, donnés là à une scène d'enchères, en apparence si antilyrique, il y a évidemment un reflet des grands finales rossiniens. Quel souvenir doucement attendri que la chanson de Marguerite, quelle distinction dans l'accompagnement du rouet! Et la ballade écossaise, et le duo de la fleur, et... Mais pourquoi citer tant de joyaux mélodiques, quand chaque note est une inspiration!

Un souffle largo et sonore parcourt cette œuvre dix fois centenaire; pas de remplissage oiseux, pas de redites, pas de banalités, mais de la mélodie à grandes ondées, et ce cachet qui décèle l'école française : le souci et la réalisation de la vérité des caractères et de l'expression dramatique, voilà *la Dame Blanche*.

L'influence de cet ouvrage, qui étendit d'un bond les limites de l'opéra-comique, fut immense; quelques années après arriva *Zampa*, qui poussa le genre à sa dernière expression.

Depuis, on n'est pas allé plus loin.

XIX

La Dame Blanche. — Triomphe de Boieldieu. — Ce qu'il pensait de Rossini. — *Le Comte Ory, Moïse* et *Guillaume Tell.* — La seconde manière de M. Auber. — Les iconoclastes de la musique. — La salle Ventadour. — Un article du *Globe.* — *Zampa.*

On sait l'enthousiasme qui accueillit *la Dame Blanche;* on s'abordait avec cette variante du mot de La Fontaine : « Avez-vous vu le nouvel opéra de Boieldieu? » Charles X, sur la proposition du vicomte de La Rochefoucauld, envoya au compositeur un service de dessert en vermeil; il obtint une pension de 1,200 francs sur le fonds de la caisse de réserve créée en 1801 au théâtre Feydeau, en faveur du compositeur ayant eu plus de 1,500 représentations, et un ouvrage d'un grand succès. Ponchard, Mmes Rigaut et Boulanger, eurent l'honneur d'être les premiers interprètes de ce chef-d'œuvre, applaudi le 10 décembre 1825 par Mme la duchesse de Berri, au milieu de transports frénétiques.

Les partisans de l'ancien régime musical, Berton en tête, avec son épître contre Rossini, proclamèrent bien haut la supériorité de Boieldieu sur le maestro. Mais l'auteur de *la Dame Blanche* avait le sentiment mélodique trop profond, l'esprit trop élevé, le jugement trop droit pour admettre un parallèle en défaveur de Rossini. « Quoi qu'on dise ou que l'on fasse, disait-il, je ne prends, des compliments que l'on m'adresse que la part qui me revient. *On ne peut toucher à celle que l'Europe a faite à M. Rossini sans donner une preuve d'ingratitude ou de mauvaise foi.* »

Cette noble déclaration ne devait-elle pas anéantir cette tourbe d'insulteurs dont l'obscurantisme a certainement contribué à ce fatal silence qu'a gardé Rossini depuis *Guillaume Tell?* Non, leur rage croissait à mesure que le génie du maître évoluait, à mesure qu'il se *francisait*. En effet, c'est là le caractère particulier de notre style, il s'abreuve de tous les autres, se renouvelle et reste toujours lui-même. La définition de Grétry est restée exacte.

La France est le grand laminoir, le laboratoire de l'art.

Rossini, dans *le Comte Ory*, crée un chef-d'œuvre de poésie amoureuse, c'est de la musique imprégnée d'un charme adorable, cela petille et bouillonne comme du champagne; de la musique, de la musique inspirée, et toujours de la musique, vraie et appropriée aux situations, voilà ce poëme musical naturalisé français; puis *Moïse* effaçant par ses grandes lignes harmonieuses *le Mosè* italien, et ce splendide *Siége de Corinthe*, faisant oublier son embryon *Maometto secundo*, jusqu'à ce chef-d'œuvre des chefs-d'œuvre, *Guillaume Tell*, l'apogée du génie merveilleux, qui, avec Gluck et Beethoven, est l'une des plus grandes figures de l'histoire de la musique.

Un souffle véhément va parcourir le domaine lyrique; Auber aborde avec sa *Muette*, colorée et chaleureuse, sa seconde manière, qui dans l'opéra-comique s'appelle *la Fiancée*, *Fra Diavolo*, *le Cheval de bronze*, *Lestocq*; l'orage politique et littéraire gronde; *Henri III et sa cour* provoque des émeutes au Théâtre-Français; les frères Lepeintre, aux Variétés, amusent le public par leurs allusions antiministérielles; Hérold médite *Zampa ou la Fiancée de marbre;* mais l'acharnement contre le maître de Pessaro augmente!

Clouons au pilori ces iconoclastes de la musique.

Voici M. Amédée de Tissot qui s'exprime ainsi dans une brochure publiée par Delaforest en 1828 : « La place n'est pas tenable quand on donne des pièces de Rossini. La nature, qui nous a pourvus de paupières pour nous donner les moyens de nous délivrer d'une vue ou d'une lumière qui nous blesse, aurait bien dû nous accorder une membrane avec laquelle nous eussions pu fermer l'oreille et ne point entendre des sons criards et des cris assourdissants..... J'avoue que je n'ai pas lu la *Vie de Rossini*, mais quand on entend sa *musique de caserne*, et l'insupportable *charivari* que produit le jeu continuel de la grosse caisse, des tambours, des cymbales, etc., on doit supposer que cet homme n'a reçu qu'une *triste éducation*, qu'il n'a étudié ni les lettres ni l'antiquité, qu'il n'a fréquenté que les gens de la *basse classe du peuple*. C'est seulement depuis que sa position sociale s'est améliorée, depuis qu'il habite Paris, que son goût commence à se former, comme le prouve le troisième acte du *Siége de Corinthe*, qui, sans tapage, est supérieur aux deux premiers. Comment ne peut-on pas être choqué des contre-sens qui abondent dans sa musique? Par exemple, dans son opéra de *Sémiramis*, c'est au moment terrible de l'apparition de l'ombre, et lorsque la terreur est à son comble, qu'on entend un *allegretto* de la gaieté la plus folle, un morceau *indigne de Polichinelle*..., etc. »

Quelle urbanité, quelle critique de bon goût!

Ailleurs, un journal pense faire de l'esprit en disant : « M. Rossini trouve que sa réputation file comme son macaroni. »

Le Corsaire du 4 juillet 1827 écrit ces lignes :

« Un chaudronnier assistant à une représentation de *Moïse*, disait : « Che fais une auchi bonne mu-« chique que chà dans ma boutique. » Le beau de l'affaire c'est que le fils de Saint-Flour se contente d'un honnête bénéfice. »

Le même journal annonce en ces termes l'apparition de *Guillaume Tell*. « Rossini a fait la musique de *Guillaume Tell :* Sur quel air aura-t-il mis les murmures du peuple suisse contre un étranger qui mange son argent et se moque de lui ? » Plus loin, on rend ainsi compte de l'éblouissant *Comte Ory*..... « Les représentations de cet opéra continuent à livrer à de *justes sifflets* cette *triste farce.* »

Passons sur ces turpitudes de langage, et notons la date du 20 avril 1829, où la salle Ventadour est inaugurée par *la Fiancée*, et arrêtons-nous dans cette même salle deux ans plus tard, à la première représentation de *Zampa*, le 3 mai 1831.

Un article du *Globe* de 1825 semblait pressentir la transformation grandiose de l'Opéra-Comique, en rendant compte en ces termes de *la Dame Blanche*..... « Il n'est pas besoin d'entendre deux fois une telle musique pour la comprendre ; c'est comme une eau limpide, on lit à travers. Il y avait longtemps que les voûtes de Feydeau n'avaient retenti d'une telle fanfare d'applaudissements. Encore quelques opéras comme celui-là, et l'oreille du parterre, de jour en jour plus exercée, finira par entendre couramment la langue musicale ; alors on pourra lui donner *quelque chose* de plus obscur, c'est-à-dire de plus profond, de plus passionné : un Méhul pourra renaître avec espoir d'être compris, *il y aura même quelque chance qu'on sente un nouveau Mozart.* »

Ce quelque chose de passionné, ce Mozart, se révéla dans la toute-puissance de son génie dans *Zampa*, mais, hélas! l'oreille du parterre n'était pas encore assez *exercée* pour entendre cette langue si profondément humaine, si divinement poétique.

On l'a répété souvent et sur tous les tons : *Zampa* est un grand opéra dans les lisières étroites de l'opéra-comique.

Telle n'est pas notre opinion.

Le chef-d'œuvre d'Hérold, par l'incomparable souplesse de la phrase qui, des scènes comiques si admirablement ciselées jusqu'aux élans passionnés les plus fulgurants ; depuis la poltronnerie de Dandolo jusqu'à la légende d'*Alice*, si touchante, si rêveuse, si admirablement candide; par cette variété de coloris qui aborde harmonieusement tant d'effets divers, par tout cela, l'œuvre d'Hérold est bel et bien un opéra-comique ; entendons-nous : un opéra-comique accru des richesses musicales acquises depuis un siècle. L'esprit et la vérité dramatiques sont là dans leur plus éclatante manifestation ; que dites-vous de ce prodigieux quatuor de l'entrée du forban, *entendez-vous* les aspirations lascives de Zampa, la peur de Dandolo, l'émotion des deux femmes? si le finale de l'orgie dépasse, selon nous, la scène bachique du *Comte Ory* par l'ampleur luxuriante de la phrase et le jet prodigieux de l'inspiration, que dites-vous du duo si vrai, si naturel, entre Rita et Daniele? N'est-ce pas là de la comédie, et de la plus exquise?

Zampa touche à Mozart par le sujet et un sentiment *humain* et passionné ; à Weber, par l'accent harmonique, la fierté véhémente ; à Rossini, par le développement lumineux des scènes, et cette œuvre, en apparence si hétérogène, est profondément française par la fusion de ces qualités suprêmes. Elle est française, parce qu'elle est la réalisation de la vérité dramatique : or cette vérité, étant ici, non pas le rire et le sentiment, mais encore la foi, la passion, l'emportement jaloux, a été traduite par le génie dans une langue divine.

Nous allons clore cette étude sur ce chef-d'œuvre, et résumer nos impressions sur les transformations que l'opéra-comique a subies depuis ses fondateurs jusqu'à nos contemporains.

XX

Le genre lyrique nommé *opéra-comique* a-t-il sa raison d'être ? — Boieldieu et la place qu'il occupe dans l'histoire musicale. — La lignée héroldienne. — M. Auber et son influence. — La passion et l'esprit.

Nous sommes loin de nous dissimuler ce que cette étude rétrospective a d'incomplet ; que d'œuvres effleurées, et qui auraient cependant eu droit à un examen approfondi ! Que de frais bouquets de mélodies passés sous silence ! Nous avons essayé de suivre les linéaments de notre genre lyrique, en indiquant les œuvres et les circonstances qui ont jalonné un siècle âgé de mille ans.

Quelle conclusion tirer de cette prodigieuse marche ascendante de l'opéra-comique, qui, de la naïve ariette de Duni, aboutit aux horizons immenses d'Hérold ? Le genre s'est-il faussé, ou plutôt est-il faux de son essence même, et doit-il disparaître dans un avenir plus ou moins prochain ? A Dieu ne plaise ! L'opéra-comique n'est ni un genre mixte, ni un genre bâtard ; il répond à un sentiment vrai de la nature : c'est la comédie lyrique, riante, espiègle, parfois attendrie, et traversée par les orages de la passion. La véritable bouffonnerie, la pantalonnade n'ont jamais caractérisé l'esprit français; ce n'est pas le mélange de musique et de *parlé* qui constitue l'opéra-comique, cela n'est qu'une vulgaire étiquette que l'on pourrait aisément supprimer, sans changer le genre. Quant à nous, nous considérons nombre d'opéras à récitatifs comme de vrais bijoux comiques, tels que *Colinette à la cour*, *la Caravane du Caire*, de Grétry, *le Comte Ory*, de Rossini, *le Philtre*, d'Auber; nous croyons même que le *parlé* n'est pas indispensable, et nous n'y attachons qu'une mince importance. Mais alors, dira-t-on, vous retournez simplement à Pergolèse et à la *Serva Padrona*, à Cimarosa et au *Matrimonio segreto*, à Rossini et à *l'Italienne* et au *Barbier de Séville?*

Encore moins.

Ces œuvres si étourdissantes de verve et de gaieté sont plutôt des intuitions de vérité comique que des modèles infaillibles; l'Italie chante, tant pis si la situation dramatique détonne, cela n'est pas son affaire; tant mieux si musique et poésie s'accordent, mais alors c'est une heureuse rencontre.

Quant au dialogue parlé, nous croyons cependant que sa vitalité a quelque raison d'être; il n'y a pas d'effet sans cause. Relégué au second plan, comme dans *Zampa*, il prépare les situations lyriques avec plus de rapidité que le récitatif, il serre l'intrigue de plus près, il crée un plus grand nombre de scènes. Ne parlons pas de l'anomalie de chanter et de parler, d'un moment à l'autre, cela est par trop spécieux. Tout n'est-il pas convention dans l'art? Mais, en ce cas il faudrait supprimer toute la musique dramatique. Il faudrait rayer également le ballet et la pantomime où l'on *voit parler*, genre encore plus étrange.

Une chose qui frappe, lorsqu'on parcourt d'un regard les œuvres qui ont résisté à l'action du temps, c'est précisément ce principe sur lequel nos pères s'appuyaient : la vérité dramatique, vérité relative, est-il besoin de le répéter ? Évidemment la musique, qui, de son essence même, est toute poésie et tout sentiment, ne peut et ne doit être la vulgaire *doublure* d'un poëme ; aussi dans l'action dramatique est-elle parfaite quand, sans dévier d'une *donnée*, elle la transfigure, quand, purifiant par la mélodie un corps sans ailes, elle l'élève dans l'idéal, imprégné de lumière et d'azur. Voilà l'œuvre de Gluck, celui de Mozart, *Guillaume Tell*, de Rossini, et, dans un autre ordre d'idées, voilà *Rose et Colas, le Déserteur, l'Amant jaloux, Richard Cœur de lion, Joseph en Égypte* (poëme biblique plutôt qu'opéra-comique), *la Dame Blan-*

che, *Zampa*, *le Pré aux Clercs*, ce chant du cygne d'Hérold.

Voyez l'accent vrai et touchant, mais encore musicalement limité, se manifester dans les expressives cantilènes de Monsigny, puis s'affermir dans des contours plus arrêtés sous la plume de Grétry, changer d'aspects sans dévier de l'étude des situations avec Méhul.

Arrive Boieldieu, qui assouplit et agrandit le genre, en s'étayant toujours sur ces principes d'observation, qu'il communiquera à ses successeurs ; puis c'est Hérold qui entr'ouvre de nouveaux horizons, tout en gardant la fidélité des souvenirs, sans compter cet étincelant génie, M. Auber, quoique l'inspiration de celui-ci ait si souvent, et avec tant de grâce, égaré sa plume spirituelle.

Trois grandes figures, Monsigny, Grétry, Méhul, se relient à notre époque par Boieldieu ; mais l'œuvre entier de ce dernier, y compris même *la Dame Blanche* et *les Deux Nuits*, ne répond plus à nos aspirations.

Un sentiment nouveau s'est manifesté : la poésie de la nature transportée dans le domaine musical, la légende chevaleresque et amoureuse avec ses clairs de lune, le fantastique à côté du sourire, la mélancolie pénétrante, le pathétique dans la simplicité, c'est là ce besoin de jouissances intellectuelles qui semble nous préoccuper.

Est-il nécessaire d'insister pour indiquer à quel génie se rattachent les compositeurs contemporains qui, suivant leur inspiration, ont continué l'œuvre en la variant; n'avons-nous pas nommé Hérold?

La main mourante qui acheva à peine quatre morceaux de *Ludovic* sembla léguer une partie de son œuvre à Halévy. *L'Éclair*, cette page émue et vraie, *les Mousquetaires de la Reine*, *le Val d'Andorre*, ces tableaux lumineux, animés et pittoresques, ne sont-ils pas un peu enfants de *Marie*, *Zampa*, *le Pré aux Clercs?* M. Ambroise Thomas ne procède-t-il pas non plus de ces maîtres dans *le Songe d'une Nuit d'été*, un chef-d'œuvre de poésie shaskpearienne? Sans compter cet orientaliste rêveur, M. Félicien David, l'illustre auteur de *Lalla-Roukh;* Gounod, le commentateur de La Fontaine, le traducteur musical de *Faust;* Reyer, ce coloriste original du *Selam* et de *la Statue;* jusqu'à Victor Massé, qui empreint certaines pages, comme *les Noces de Jeannette* et *les Saisons*, d'un parfum rustique si pénétrant; n'est-ce pas là une lignée en quelque sorte héroldienne?

L'expression particulière représentée par M. Auber s'est moins éparpillée; la grâce suprême du maître a conquis moins d'adeptes que le genre pittoresque proprement dit.

Cependant ce brillant ciseleur, ce fantaisiste délicat et élégant, Albert Grisar, l'auteur de *l'Eau merveilleuse* et des *Porcherons*, est bien un peu cousin de l'inspiration à laquelle nous devons *Actéon*, *la Sirène*, *les Diamants de la Couronne*, *Haydée*, etc. Quant à M. Clapisson et Adolphe Adam, nous les classerions volontiers parmi de faciles et remarquables improvisateurs dérivant l'un de M. Auber, par *la Perruche* et *la Promise*, l'autre, mais de loin, de Boieldieu, par *le Chalet*.

Ainsi trois grandes individualités dominent l'opéra-comique, et en sont l'expression suprême.

C'est d'abord Boieldieu, dont les principes, sinon l'œuvre, ont fertilisé tant d'imaginations ; c'est à ce puissant héritier de la première et seconde époque de notre genre, que nous devons l'éclatante manifestation de notre école française. Il leur a imprimé cette belle ordonnance, ce goût, cette richesse harmonique qu'il avait puisés en Chérubini, laissant également à chacun de ses élèves son genre d'originalité. Hérold et Auber sont de la même race, l'origine est la même, quoiqu'un monde entier les sépare. Boieldieu a moins de vie originale, de puissance créatrice qu'Hérold.

Il y a de l'élégie de Bellini et de la passion de Mozart dans l'auteur de *Zampa*.

Quelle fièvre intense ! quelles angoisses déguisées par un navrant sourire ! Quelle force et quelle plénitude dissimulées avec grâce ! Quelle diaphanéité et, en même temps, quelle ampleur de la phrase ! Quel lyrisme en un mot dans ce compositeur brisé avant l'heure et à l'aurore de sa gloire !

L'âme et la passion ont tué cette nature d'élite.

Quoique parfois un peu fantaisiste, nous nous associons pleinement à l'opinion émise par M. Aubryet sur Hérold, avec cette façon de parler colorée, enthousiaste et convaincue qui le caractérise : —
«..... Hérold, malgré sa variété d'idées et de termes, malgré ses fougues et la hauteur de ses inspirations, est accessible pour tout le monde, il est toujours lumineux, non pas de cette prétendue clarté qu'en France on fait passer avant tout, et qui n'est que la pauvreté du style percé à jour, mais de cet éclat qui pénètre les profondeurs les plus sombres..... Son œuvre jouit à la fois de cette maturité et de cette fraîcheur qui éternisent la vitalité. Hérold est toujours nouveau, comme un souffle de brise, comme un rayon de soleil, comme la majesté d'une tempête. Cette musique sombre et puissante passe sur votre tête comme un orage de génie ; elle éclate, illumine, rassérène et donne à toute chose une sen-

teur plus pénétrante...... Dans l'œuvre d'Hérold, il n'y a d'incomplet que sa vie ; par alliance, c'est-à-dire par les qualités extérieures, la propriété, l'expression, la lucidité, l'accès facile, il est parent de Grétry, de Boieldieu, d'Auber et de Rossini ; par le sang, c'est-à-dire par les qualités intimes, la rêverie, l'émotion, la poésie, il est parent de Weber et de Mozart; il n'a pas leur stature, mais il est de leur race. »

Mais la passion, est-ce là la vie normale ; l'âme humaine se contente-t-elle uniquement d'exaltation ?

N'a-t-elle pas ses heures gaies, souriantes, enjouées ?

Si l'émotion profonde finit par absorber le fluide vital, est-ce que la grâce, l'esprit, voire même la coquetterie, ne tiennent, après tout, aucune place dans la vie ?

Si Chérubin et Alceste sont des types, pourquoi Célimène et Araminte n'en seraient-elles pas ?

M. Auber représente cette autre forme de l'art; nous savons bien qu'il y a ce que l'on appelle sa seconde manière, où son esprit paraissait se complaire dans quelques grandes lignes ; un peu dans le sentiment et la passion. De cette époque on lui doit *la Muette, le Philtre, la Fiancée, Fra Diavolo, Gustave, le Cheval de Bronze ;* mais est-ce bien là de l'Auber sans mélange; après les tâtonnements de la première manière, n'y a-t-il encore pas ici un reflet, une préoccupation — involontaire peut-être — mais visible de Rossini, d'Hérold, de Boieldieu? *L'individualisme* de M. Auber, où tout alliage s'efface, c'est dans tous ces diamants : *Actéon, le Domino noir*, *Zanetta*, *les Diamants de la Couronne*, *le Duc d'Olonne*, *la Part du Diable*, *l'Ambassadrice*, *la Barcarolle*, *Haydée*, où l'auteur agrandit les développements, comme ensuite dans *Manon Lescaut* et *Marco Spada*.

Voilà l'écrin scintillant de M. Auber.

Par la sobriété, la clarté, la pureté, il tient de la manière d'Haydn et de Rossini; rien de trop, pas de formules tourmentées, d'effets visant à l'originalité et n'atteignant que le baroque, mais un style limpide, pailleté d'or, net dans ses contours, varié comme un kaléidoscope peut-être, mais intelligible toujours.

Si les feux de cette musique n'échauffent pas, ils jettent des scintillements si vifs, si multiples, qu'il y aurait injustice de ne pas admirer cette forme particulière du génie.

L'œuvre de M. Auber est donc bien français, dans l'acception commune de ce mot; il l'est au plus haut degré, et pourtant a-t-il fidèlement suivi les principes de notre système dramatique, ces principes pressentis par Monsigny, proclamés par Grétry, Méhul, Chérubini, Boieldieu? A-t-il toujours été *vrai*? Ne se contente-t-il pas de l'intuition de la vérité, au lieu de la recherche de cette même vérité dramatique?

Cette objection peut être facilement réfutée : la musique de M. Auber ressemble à une duchesse brillante et parée, elle est jeune, vive, coquette, coquette surtout. Ses yeux limpides et brillants lancent des éclairs, non des flammes; sa bouche, adorablement sculptée, est prompte à la repartie et à l'épigramme; elle aime..... comme aiment ses pareilles, du bout de ses lèvres carminées; ne doit-elle pas laisser son cœur intact de crainte de perdre du temps, d'abord, et de troubler la sérénité du regard ensuite? Elle a de l'esprit et du meilleur, comme dirait Molière, mais c'est souvent de l'esprit poussé jusqu'au paradoxe.

Eh bien, être l'image de ce portrait, est-ce là une reproduction infidèle? pardon de l'aphorisme : mais le faux est le vrai quelquefois.

De l'œuvre de M. Auber ne se détachent pas, on l'a dit, des figures comme Blondel, Alexis, Joseph et Jacob, Joconde même, Georges et la vieille Marguerite, Camille et Zampa, des types ineffaçables comme Almaviva, Geronimo, Rosine, Zerline; mais prenez l'ensemble de l'œuvre, vous est-il possible de ne pas vous laisser entraîner à toutes ses séductions?

A quoi bon chercher des caractères profondément creusés, quand vous êtes sous le charme indicible de tant de finesse, de tant d'imprévu, de tant d'élégance !

Si M. Auber est quelque peu Italien par l'abondance des idées et le léger souci de l'étude du cœur humain, il est réellement bien Français par les artifices exquis de son instrumentation, par tant de détails délicatement ciselés, par la pétulance et le chatoiement, l'ingéniosité, et nous ne savons quoi de parfumé qui distinguent sa phrase.

Aujourd'hui le jeune homme de 1813, qui donnait *quelque espoir*, est le seul et le plus glorieux représentant de notre école française; c'est encore lui le *styliste* le plus pur, le plus raffiné; cet aimable vieillard semble défier le temps, il est l'hôte accoutumé de la Mélodie juvénile; son inspiration, toujours abondante, nargue ses quatre-vingts ans, et respire une éternelle fraîcheur.

CONCLUSION

La liberté des théâtres est rétablie. — Décret. — 1791 et 1864. — Paroles de Méhul — *Oser* et *solliciter*. — L'opérette bouffe. — La farce. — Comment Méhul étudiait les caractères. — A propos des *rentoilages* des anciennes partitions.— Un mot de Grétry. — Gavaudan et les acteurs d'aujourd'hui.— Avenir de l'art.

Battu en brèche de toutes parts, harcelé, meurtri, le *privilége* dut enfin céder à la pression de l'opinion publique ; les nombreuses atteintes que le décret de 1807 avait subies, par suite de l'augmentation progressive des salles de spectacle, devaient inévitablement faire présager la chute d'un système vermoulu et croulant par sa base.

Les principes de 1789, sur lesquels notre société est basée, ont insensiblement exercé leur influence irrésistible, et l'exploitation libre a reparu pour ne plus disparaître, espérons-le. Le 6 janvier 1864, parut au *Moniteur universel* le décret impérial promulguant la liberté des théâtres dans le même esprit que la loi de 1791. Cette mesure réparatrice avait déjà été solennellement annoncée par l'empereur Napoléon III, dans la séance d'ouverture de la session législative, le 5 novembre 1863. Le décret fut exécutoire à partir du 1ᵉʳ juillet 1864. Voici la teneur des principaux articles :

Art. 1ᵉʳ. Tout individu peut faire construire et exploiter un théâtre, à la charge de faire une déclaration au ministère de notre maison et des beaux-arts, et à la préfecture de police, pour Paris; à la préfecture, dans les départements.

Les théâtres qui paraîtront plus particulièrement dignes d'encouragement pourront être subventionnés soit par l'État, soit par les communes.

Art. 3. Toute œuvre dramatique, avant d'être représentée, devra, aux termes du décret du 30 décembre 1852, être examinée et autorisée par le ministre de notre maison et des beaux-arts, pour les théâtres de Paris; par les préfets, pour les théâtres des départements.

Cette autorisation pourra toujours être retirée pour des motifs d'ordre public.

Art. 4. Les ouvrages dramatiques de tous les genres, y compris les pièces entrées dans le domaine public, pourront être représentés sur tous les théâtres.

Art. 5. Les théâtres d'acteurs enfants continuent d'être interdits.

Art. 6. Les spectacles de curiosités, de marionnettes, les cafés dits cafés-chantants, cafés-concerts et autres établissements du même genre, restent soumis aux règlements présentement en vigueur.

Ainsi donc, une période nouvelle doit incontestablement s'ouvrir pour l'art; réjouissons-nous de cette victoire remportée par le progrès sur la routine et les préjugés; espérons en un avenir plein de promesses. Mais que l'on ne s'y méprenne pas, les bienfaits de la liberté ne se feront sentir qu'insensiblement : elle est au système restrictif ce qu'une lumière vive est à un jour blafard, les yeux ont besoin de s'y accoutumer.

Mais il est un point sur lequel nous insisterons, c'est que toute comparaison est impossible entre l'époque actuelle et la période de la première liberté dramatique. Ce fut alors une explosion universelle de liberté, une expansion soudaine de sentiments et d'idées ; l'émotion du jour était un flot envahissant ; une ivresse vertigineuse s'était emparée de tous les esprits. Les théâtres suivirent le mouvement et furent encore mieux que la presse le véritable reflet des passions politiques.

La scène fut tour à tour royaliste et républicaine, montagnarde et girondine, dynastique et révolutionnaire ; elle fut la haine sauvage et le fanatisme aveugle ; les tempêtes des clubs se trouvèrent souvent dépassées par la licence dramatique.

Et malgré cela, ce qui était réellement *beau* se faisait jour. Certes il y avait de l'ivraie dans ces moissons ; mais, grâce à ce prodigieux mouvement de la société entière, à cette crépitation universelle, le bon grain avait trouvé un sol vivace et fécond, — en lui germait l'AVENIR. Un jour, Méhul, au souvenir de cette époque, s'exprima ainsi : —

« Comment ne pas arriver au succès avec un gouvernement qui comprenait rapidement toutes les questions et les résolvait de même ; qui mettait, comme Platon dans sa république, l'art musical sur la même ligne que la législation, la politique et la guerre ; qui nous transformait, nous autres compositeurs, en professeurs de chant du peuple, ne nous donnant pour chaire et pour siége en plein vent qu'une borne dans la rue ? Il fallait bien alors que nos chants arrivassent à la popularité... »

Rien de plus dissemblable donc que les deux époques de liberté dramatique ; et cependant déjà même nous avons vu des esprits railleurs se demander quels étaient les fruits du décret du 6 janvier. Plusieurs raisons peuvent être opposées à ces partisans quand même du privilége.

A part le caractère particulier de notre temps, qui s'absorbe complétement dans l'agio et le calcul, il faut admettre que les théâtres établis en dépit du décret de 1807 jusqu'à nos jours ont *à peu près* déjà répondu en partie aux besoins de la population ; puis il y a cette autre raison à laquelle on ne songe pas assez, à savoir : l'élévation exorbitante de la propriété foncière. On a trop souci aujourd'hui du rendement *certain* d'une entreprise pour que les tentatives n'en soient pas timides. Cette réflexion, du reste, nous est inspirée par une considération d'un autre ordre ; elle se rattache un peu au tempérament de notre nation.

Le Français, *né malin*, nargue facilement toutes choses ; il chansonne volontiers quiconque ; il fait des révolutions, mais il s'en repent aussitôt et promet d'être sage ; il adore la fantaisie, mais il suit la routine ; il se moque de la tutelle de l'autorité, mais donnez-lui la liberté, et le voilà comme un enfant, maladroit, ne sachant comment se servir de cette arme pour laquelle il se croyait mûr.

L'initiative particulière, isolée, sans concours officiel, est chez nous presque nulle ; on ne sait pas *oser*, mais on *sollicite*.

Sans appui, on se sent débile, mal à l'aise ; on demande du nouveau, mais on a peur de l'imprévu ; on jette des yeux effarés vers l'avenir, et on recule, parce que l'on a perdu la foi, l'enthousiasme et l'énergie de bien faire.

Confessons-le, voilà la plaie de notre époque.

Eh bien ! malgré ce douloureux aveu, nous sommes pleins d'espérance : nous ne pouvons faillir dans la mission que la Providence semble avoir léguée à notre belle patrie ; tôt ou tard nous saurons mettre nos actions au niveau de notre intelligence. Pour nous, la mesure libérale de l'Empereur est le point de départ d'une ère nouvelle.

dans le domaine dramatique. Il est impossible qu'il en soit autrement.

Nous ne pouvons passer sous silence, dans cette étude consacrée à la musique semi-sérieuse, la part que *l'opérette* a prise dans ces derniers temps. Cette bouture de notre opéra-comique, transplantée dans la farce gauloise, a dû son rapide développement à la création des Bouffes-Parisiens, grâce à l'exclusion incompréhensible du rire dans le nouveau répertoire du théâtre Favart. A peine l'école moderne nous a-t-elle donné *Gilles le ravisseur* et cet éclatant *Caïd*, qui, en passant par Rossini, nous rappellent *le Tableau parlant* et *les Rendez-vous bourgeois*. Mais voilà à peu près tout.

Resserrés entre tant de productions mélodramatiques, dans un nouvel asile, ils ont inspiré la veine mélodique des compositeurs. Nous ne sommes pas de ceux qui n'ont d'admiration que pour le passé ; non-seulement il nous coûte peu d'avouer que le genre innové par M. Offenbach n'est pas sans mérite, nous dirons même qu'il a créé de vrais modèles de bouffonnerie.

Quand l'extrême fertilité de son imagination ne le jette pas dans la trivialité, il fait des découvertes musicales très-originales, telles que la plupart des morceaux de son *Orphée aux enfers*.

Après cela, on nous permettra d'émettre ici une

opinion toute personnelle, à savoir : que nous préférons le comique défini par Grétry : *être vrai* tout en *ennoblissant* la farce.

De nos jours, on ne sait plus, ou l'on oublie trop cette recherche du *vrai idéalisé*, qui était la constante préoccupation des grands écrivains du commencement de ce siècle.

On sait où Grétry étudiait le mieux le jeu des passions et des caractères ; voici, d'une autre part, le jugement de M. Vieillard, l'ami de Méhul, sur ce dernier : Son système était celui de prendre, pour *base du chant, l'accent de la nature.*

« Ces inflexions de voix, par lesquelles la passion prête tant de force aux phrases et même *aux mots les plus simples*, sont celles que Méhul recherchait. Ce n'est pas à l'Opéra que cette étude le conduisait habituellement, mais au Théâtre-Français, et tant de passages dont l'énergique vérité nous enlève, où la grâce naturelle nous surprend, ne sont qu'un développement modulé de la déclamation de Talma ou de Mlle Mars ; heureux accents que soutient une habile harmonie, laquelle, véritable commentaire, peint ce qui se passe dans le *cœur même* des personnages, et exprime ce que les vers et le chant laissent dans l'ombre faute de moyens ! Dans les ouvrages de M. Méhul, les parties de l'orchestre sont moins un accessoire qu'un *complément.* »

Voilà ces principes qui éternisent des œuvres telles que *Stratonice*, *Joseph*, *la Dame Blanche*, *Zampa*.

Nous n'encouragerons jamais l'archéologie musicale, il faut, avant tout, être de son époque ; cependant ce premier bégayement de notre genre lyrique, représenté par Monsigny, ne doit pas être lettre close pour les jeunes compositeurs, ni pour le public. La simple et touchante églogue de l'auteur du *Roi et le Fermier*, et l'accent de Grétry, malgré toutes nos conquêtes musicales, gardent toujours cette vitalité que le génie a puisée dans l'expression et l'étude de la vérité.

A ce sujet, il n'est pas sans intérêt d'insister sur la façon étrange dont on reprend quelquefois les œuvres de l'ancien répertoire. Comme à certains tableaux, noircis par le temps, on leur fait subir des *repeints* ; on *rentoile* des opéras-comiques. Une orchestration nouvelle remplace l'ancienne, on arrange une romance en chœur, on intervertit l'ordre des morceaux, et cela à la plus grande gloire de l'illustre défunt.

Nous ne blâmons pas la pensée, loin de là ; Mozart, lui-même, n'a-t-il pas orchestré quelques opéras de Handel ? Mais il faut tant de tact, de finesse, d'intuition scénique dans ce travail, que bien peu y ont complétement réussi. Pénétrer le style de

16.

l'auteur si avant qu'on en fasse son style propre, en saisir les nuances les plus délicates, ne pas déplacer les plans des couleurs, voilà des mérites bien rares, difficiles à rencontrer, même parmi les compositeurs les plus éminents. Mais nous préférerions entendre l'œuvre dans son état primitif, plutôt que de la voir travestie par une instrumentation inhabile.

Les *rentoilages* du *Déserteur* et de *Richard Cœur de lion*, par Adam, sont excellents, quoiqu'il y ait encore parfois des abus de sonorité. La plus parfaite des réorchestrations est, sans contredit, celle de *l'Épreuve villageoise*, par M. Auber.

Grétry, à la fin de sa carrière, avoua sa faiblesse dans la science instrumentale ; il sentait son peu d'aptitude à se servir des instruments intermédiaires, aussi s'exprima-t-il en ces termes, prévoyant la reprise de ses œuvres : « ... Je l'invite (le compositeur) à se bien pénétrer du sentiment de ma musique ; qu'il sache bien *ce qui y est*, pour qu'il sente le *danger* de *l'obscurcir* par des *remplissages*, par des *accessoires* que je regarde souvent comme *l'éteignoir de l'imagination*. »

Nous ferons la même remarque à l'égard des acteurs qu'à l'égard des compositeurs modernes ; pour les uns comme pour les autres, le souci et l'étude des caractères s'est amoindri. Il serait difficile de citer aujourd'hui un artiste comme Gavaudan, qui, pour mieux étudier le principal rôle dans *le Délire* (Berton), s'enferma dans une maison de fous; aussi, quand il joua la pièce, l'illusion fut telle, qu'une partie du public crut qu'il avait perdu la raison. Nul doute qu'aujourd'hui encore il y ait des artistes capables de rivaliser avec ceux-là sous le rapport de l'étude de la scène, mais c'est l'exception.

Hâtons-nous de dire que nous ne sommes cependant point de ces esprits chagrins, pleurant sans cesse le passé, et prenant le présent en pitié.

Faisons la part de chaque époque, n'imitons personne; tâchons, s'il se peut, de posséder l'enthousiasme du *beau*, du *grand* et du *bien;* inspirons-nous de l'éternelle comédie humaine; lisons dans le grand livre de la nature, à travers les poétiques caprices de l'imagination, et alors nous serons dans le VRAI, sans cesser d'être dans le BEAU. Ayons confiance en l'avenir, l'art est impérissable; il se transforme et se renouvelle sans cesse; nous sommes peut-être à une époque de douloureux enfantement. Une vague inquiétude semble absorber les esprits; on se demande quel peut être celui qui sera le représentant fidèle de notre temps, qui répondra le mieux à nos aspirations. Laissons à l'avenir le soin de résoudre ce problème; un passé, plein de luttes et de triomphes, et dont les apparentes défaillances ont toujours été le présage de nouveaux progrès, est pour nous un gage des plus belles et des plus légitimes espérances.

FIN.

TABLE DES MATIÈRES.

INTRODUCTION. . . . . j

I. Les confrères de la Passion. — Moyen âge et Renaissance. — Mazarin et les acteurs italiens. — *La comédie de chansons.* — Les théâtres forains. — Leur aspect. — Gilliers et les airs *nouveaux.* — Privilégiés et persécutés. — Un mot de Grimm. — Mlle Bastolet. — Les encyclopédistes. — Guerre musicale. — *La Serva padrona.* — J.-J. Rousseau. — Rousseau jugé par Grétry. — Duni, Philidor et Monsigny. — Opinion de Favart sur l'état de l'opéra-comique en 1760 5

II. *Les Troqueurs*, de Dauvergne. — Les premiers champions de l'opéra-comique. — La Comédie-Italienne. — *Rose et Colas* et *le Roi et le Fermier.* — Un critique aimable. — Gossec. — Grétry, son style et sa théorie dramatique. — Gluck et Grétry. — Une réminiscence. — Une lettre de recommandation. — L'école française existe-t-elle ? — *Le Huron.* — Un enthousiaste. 22

III. L'influence des philosophes. — Voltaire. — Beaumarchais. — Mozart. — D'Alembert et Mme de Fleury. — Quelques opéras-comiques. — *Le Déserteur.* — *Lucile.* — *Le Tableau parlant.* — *Les Deux Avares.* — *Zémire et Azor.* — Encore la théorie de Grétry. — *La Rosière de Salency.* — *La Fausse Magie.* — Entrevue de J.-J. Rousseau et de Grétry. — *Félix ou l'Enfant trouvé.* — Drames burlesques de Grétry. — Un quatrain de Voltaire. 41

IV. Pérégrination à l'Opéra. — Gluck et Piccini. — La Dauphine et Mme Dubarry. — Une répétition à l'Opéra. — Un auditeur intrépide. — Quel est-il ? — Soirées musicales à Versailles. — Un garde du corps musicien. — Dalayrac. — Méhul. — Quelques mots au sujet de la Révolution. — *L'Amant jaloux.* — Naissance du Dauphin. — *L'Épreuve villageoise* et *Richard Cœur de lion.* — Sedaine et Monsigny. — *Les Deux Soupers*, de Dalayrac. 57

V. Le salle Favart. — La chanson de Piis. — *Nina ou la Folle par amour.*— Adieux et souvenirs! — Le mélodrame à l'Opéra-Comique.— 1790. — *Raoul Barbe-Bleue.*— *Les Rigueurs du cloître.*— Berton.— Méhul.— *Euphrosine et Coradin.*— Méhul jugé par Grétry. 70

VI. Une deuxième scène d'opéra-comique. — Le coiffeur impresario. — La salle Feydeau. — Les Italiens remplacés par les Français.— Les théâtres Favart et Feydeau.— Rivalité et pièces analogues.— Une parenthèse. — Lutte dramatique. — Combien dure-t-elle ? — Fusion. — Contre-coup des événements dans le domaine artistique. — Les Constituants.— Séance de l'Assemblée nationale. — La liberté des théâtres. — Le rapporteur Chapelier.— L'abbé Maury, Mirabeau, Robespierre. — Décret de l'Assemblée. — Résultat. — *Panem, circenses !* — Être pessimiste ou optimiste.. 84

VII. *Camille.*— Les deux *Lodoïska.*— Le goût sempiternel du public. — Progrès de la musique. — Molière et l'opéra-comique.— Toujours ce bon public. — Réaction et progrès. — *Stratonice.*— *Les Visitandines.* — Les pièces civiques.— Gâchis musical.— Les hymnes.— Aspect du public au spectacle. — La Convention et quelques décrets. — Contradictions. — Un délateur.. 99

VIII. La création du Conservatoire. — Pensions aux artistes. — Grétry oublié et dédommagé.— Un dîner de compositeurs. — Apparition de Boieldieu.—*Médée.*— Chérubini.— Son style. — Appréciation par Ad. Adam. — *Le jeune Henri.*— Les banquettes au parterre. — La propriété artistique.— Lakanal.— *Les droits du génie.*— Décrets actuels.— Loi libérale. — Les plats imitateurs.— *La force de la pensée et la force du bruit.* 114

IX. Après Thermidor.— *Le Réveil du peuple* et la *Marseillaise.* — Tumulte à l'Opéra. — Article du *Moniteur.* — Grétry et son opinion sur la musique d'alors. — Le député Leclerc.— Le goût change. — Concerts Feydeau.— Merveilleuses et incroyables.— Un promoteur sans le savoir.— Della-Maria.— *Le Prisonnier ou la Ressemblance.* — Les interprètes. . . . 127

X. Le siècle va finir. — Napoléon. — Les fêtes du Consulat. — Boutade de Mercier, de l'Institut. — Un monsieur qui n'aime pas la musique.— Berton.— *Montano et Stéphanie.*—La musique imitative. — Style des poëmes. — Une interdiction. — Un dernier jacobin. — L'éducation du public. — Les maîtrises et le Conservatoire. — Chenard. — L'Opéra-Comique deviendra maître à son tour. — Considérations sur la liberté théâtrale. — La centralisation. — Une allégorie dramatique. — Une lettre de Fouché. 136

XI. Aspect des troupes Favart et Feydeau. — Le répertoire. — *Le Voyage d'Épernay* et *les Deux Journées*. — Vues d'avenir. — L'Empereur. — Nicolo, Spontini, Boieldieu, Auber. — Les poëtes de l'Empire. — Les comédiens. — L'école française se constitue. — Lesueur. — L'autocratie lyrique. — *Le Calife de Bagdad*. — Le sentiment de la nature. — Une soirée chez le Premier Consul. — Il signor Fiorelli. — *L'Irato*. — Influence de l'affiche en 1801. — Organisation du théâtre Feydeau. — On devine l'abrogation de la liberté dramatique. 151

XII. Les comités de Feydeau. — Camerani. — Reprise du *Déserteur*. — Un différend administratif. — Mme Duret, MM. de Cramayel et Gavaudan. — Mme Desbordes-Valmore. — Création des prix décennaux. — Le couronnement. — Spectacles *gratis*. — La vitalité musicale. — Caractère spécial de l'opéra-comique. — Nicolo et Étienne. — Sens musical sous l'Empire. — Geoffroy. 169

XIII. L'atmosphère artistique. — Mme de Staël et Chénier. — Sophie Arnould. — Reprise de *Richard Cœur de lion*. — Autres reprises. — Le genre ossianique. — *Uthal*. — Réglementations théâtrales. — Suppression de la liberté dramatique. — Nombre des théâtres en 1807. — *Joseph en Égypte*. — *Les Rendez-vous bourgeois*. — Répertoire des élèves du Conservatoire. — Beethoven jugé par un musicien de l'Empire. — L'Empire. — Événements divers à Feydeau. — *Le Diable à Quatre*. — Pièce de vers. — Les raisons d'État. — 1810. — *Cendrillon*. — Les recettes. — Les prix décennaux. — Le jury et les mirmidons . 181

XIV. Napoléon et Marie-Louise. — Compiègne. — Voyage dans les départements du Nord. — Une représentation impériale à Lille. — Retour à Paris. — Prospérité des théâtres. — *Le Crescendo*. — *Jean de Paris* 201

XV. 1813. — Retraite d'Elleviou. — Quelques mots sur ce chanteur. — Une mauvaise pièce qui est le début d'un grand nom.

— *Le Séjour militaire.* — M. Auber. — Mort de Grétry; son apothéose.— *Le Nouveau seigneur du village.* — *Le Tableau parlant* considéré comme hostile au gouvernement.—*Joconde.* L'invasion, le public et les mélodrames.— Une pièce de circonstance.— Une trinité complétée.— Hérold. 210

XVI. Les premières années de la Restauration. — Sytème du bon plaisir. — Comment on administre l'Opéra-Comique. — Le Conservatoire réorganisé.— Les compositeurs qui disparaissent.— Quelques acteurs de l'ancien théâtre Feydeau. — Mmes Saint-Aubin, Gavaudan, Philis et Gonthier. 223

XVII. Rossini. — Son apparition et son influence. — L'art du chant. — *La Bergère châtelaine* et *les Voitures versées.* — L'année 1823.— Rossini à Favart.— Un mot de Méry.— Une affiche de concert.— *Le Muletier* et *la Neige.* — Scribe. — Sa collaboration avec M. Auber.—Renouvellement de l'orchestre. 233

XVIII. Retraite de Martin, sa voix, son talent. — *Le Valet de chambre* et *le Concert à la cour.*— Les dernières années de la Restauration.—Weber et *Freyschutz.*—*Le Maçon.*—*Marie.* 247

XIX. *La Dame Blanche.*— Triomphe de Boieldieu. — Ce qu'il pensait de Rossini.— *Le Comte Ory, Moïse* et *Guillaume Tell.* — La seconde manière de M. Auber. — Les iconoclastes de la musique. — La salle Ventadour.— Un article du *Globe.* — *Zampa.* 255

XX. Le genre lyrique nommé *opéra-comique* a-t-il sa raison d'être? — Boieldieu et la place qu'il occupe dans l'histoire musicale. — La lignée héroldienne. — M. Auber et son influence.— La passion et l'esprit. 263

Conclusion. La liberté des théâtres est rétablie. — Décret. — 1791 et 1864. — Paroles de Méhul.— *Oser* et *solliciter.* — L'opérette-bouffe.— La farce.— Comment Méhul étudiait les caractères.—A propos des *rentoilages* des anciennes partitions.—Un mot de Grétry.— Gavaudan et les acteurs d'aujourd'hui. — Avenir de l'art. 275

Paris. — Typographie HENNUYER ET FILS, rue du Boulevard, 7.

www.ingramcontent.com/pod-product-compliance
Lightning Source LLC
Chambersburg PA
CBHW070739170426
43200CB00007B/584